LAUNOLOGIE

HELMUT FUCHS
DIRK C. GRATZEL

LAUNOLOGIE

MIT NEUEM SCHWUNG DURCHS LEBEN

GUT GELAUNT GEWINNT!

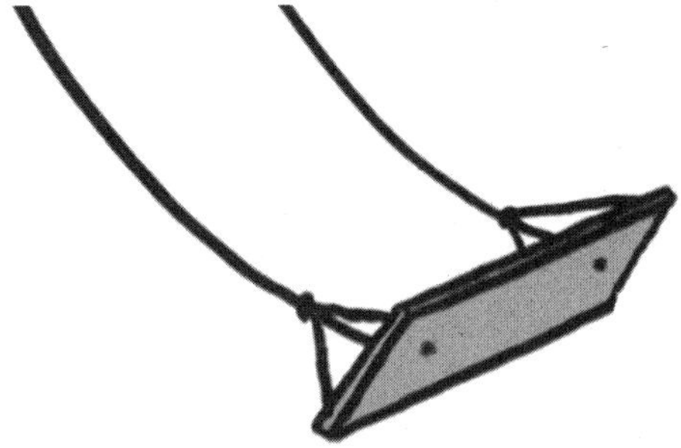

HEYNE

Herstellung: Helga Schörnig
Satz: C. Schaber Datentechnik, Wels
Druck und Bindung: GGP Media GmbH, Pößneck
Printed in Germany 2007
http://www.heyne.de

ISBN: 978-3-453-14400-2

Inhalt

TEIL 2

Legen Sie los – Gute Laune für Anfänger

TEIL 3

Testen Sie Ihr Heiterkeitspotenzial!

TEIL 4

Angewandte Launologie – Zehn Schritte in ein heiteres Leben

TEIL 5

Die Mischung macht's – Bausteine der Heiterkeit

TEIL 6

Mit neuem Schwung durchs Leben

ANHANG

Vorbemerkung

Schlechte Laune ist ein Gift. Sie verfärbt unsere Seele, tropft in unseren Geist und macht unseren Körper buchstäblich »sauer«. Sie durchzieht unsere gesamte Persönlichkeit mit einem aggressiven, ätzenden Nebel, der sich zunehmend schwieriger vertreiben lässt. Sie macht uns krank. Schlechte Stimmungen oder längere depressive Episoden bescheren uns Magengeschwüre, Migräne, Ausschläge und Allergien – oder Schlimmeres.

Selten sind uns die Wechselwirkungen unserer Stimmungen bewusst. Doch die Symptome unserer Stimmungen sehen wir allerorten: Depressive Erkrankungen werden spätestens 2020 Volkskrankheit Nummer 1 in Deutschland sein – rund die Hälfte unserer Gesundheitskosten wandert bereits heute in die Behandlung mehr oder minder psychosomatischer Phänomene und psychischer Erkrankungen. Und folgen wir den Trends in den USA, so geben wir in wenigen Jahren den Löwenanteil der Medikamentenkosten für nichts anderes als stimmungsaufhellende Psychopharmaka aus – die wachstumsstärkste Medikamentengruppe weltweit!

Als wäre all das nicht schon ernst genug, kommt noch eine weitere Tatsache erschwerend hinzu: Schlechte Laune ist hochgradig ansteckend! Jedes fünfte Kind in Deutschland ist erziehungs- oder umfeldbedingt psychisch auffällig: depressiv, angsterfüllt oder sozial entwicklungsgestört, zurückgeblieben. Jedes dritte Kind ist zudem noch übergewichtig. Jeder vierte Arbeitnehmer in Deutschland hat mit seinem Arbeitgeber innerlich endgültig abgeschlossen: wegen der Stimmung am Arbeitsplatz, der Unternehmenskultur oder der Beziehung zur Führungskraft im jeweiligen Unternehmen. Was hier wie dort irgendwann einmal als scheinbar harmlose Laune, als »Verstimmung« beginnt, kann für das Umfeld, die Kinder, Familie, die Freunde und Kollegen eine weit größere und nachhaltigere Wirkung haben, als wir zunächst ahnen.

Gleichwohl gibt es natürlich auch Profiteure der schlechten Stimmung: Der Markt der Therapeuten und der Lebenshilfeorganisationen – als Beispiel – boomt. Stimmungsgetriebene Auseinandersetzungen um Gartenzäune, Verkehrsunfälle, Kündigungen oder Lärmbelästigungen verschaffen dem Rechtsberatungs- und Justizsystem seit Jahren steigende Umsatz- und Fallzahlen. Und auch die Pharmaindustrie jubelt: Die Bevölkerungszahlen sinken, doch der Verlust an Lebensfreude, an Zufriedenheit und Klarheit in unseren Lebensstilen beschert ihr schon heute konstante Zuwachsraten bei all jenen Pillen, die die physischen Auswirkungen psychischer Probleme therapieren sollen.

Auch die leistungsfähigste Gesellschaft hält solche Trends nicht dauerhaft aus. Sie sind schlicht unbezahlbar und bergen soziale Zentrifugalkräfte, die nicht mehr zu bremsen sind, vom Verlust an Lebensfreude, Klarheit und Zufriedenheit ganz abgesehen. Welch groteske Bilanz für eines der reichsten (Platz 10), aber bei Weitem nicht der lebenszufriedensten (Platz 93 unter 200 Nationen) Länder der Welt! Folglich ist es Zeit für eine Umkehr. Zeit für ein Nachdenken darüber, ob nicht Stimmungen und Launen – volkswirtschaftlich längst als wichtige Elemente einer Bilanz von Erfolg oder Misserfolg anerkannt, das Nachdenken darüber sogar mit Nobelpreisen bedacht – gezielt in den Blick genommen und bearbeitet, ja vielleicht sogar von uns »gemanagt« werden wollen. Physiologisch sind sie bis heute wenig erforscht, psychologisch oftmals erst interessant, wenn die Grenze zum Pathologischen, zum Krankhaften schon überschritten ist.

Wir sehen in der LAUNOLOGIE einen wissenschaftlichen Ansatz, der individuelle und organisatorisch-institutionelle Stimmungen beschreibt, ihre Wirkungszusammenhänge erklärt und jeden Einzelnen wie auch Organisationen bei der Herstellung positiver Stimmungslagen unterstützt. Wir stehen dabei auf den Schultern von Riesen und bedienen uns der neuesten Erkenntnisse der Hirnforschung, der Neurobiologie, der Persönlichkeitspsychologie und der Motivations-, Volitions- und Handlungsforschung, der Lebenskunst-Philosophie und der Schulmedizin ebenso wie praktischer Ratschläge und Erfahrungen aller Teildisziplinen. Eine launologische Lebens- oder Unternehmensführung kann präventiv wie auch kurativ wirksam werden und ist als gelebte Psychohygiene ein Teil der dringend anzustoßenden persönlichen Lebenskunst. Und: LAUNOLOGIE macht Spaß! Der Weg zum Launologen bringt viele positive Erkenntnisse über Ihre Persönlichkeit mit sich. Er ermöglicht Ihnen bessere Beziehungen zu Ihrem Lebensumfeld und beruflich wie privat unerwartete, ungeahnte Erfolge, Chancen, Glücksmomente. Ganz ohne Arbeit geht dies nicht, alles andere wäre wohl eher Hokuspokus. Doch wir versprechen Ihnen, LAUNOLOGIE ist die bei Weitem angenehmste Form der Arbeit an uns selbst.

Als Prof. Dr. Heinrich Meng im Jahr 1939 an der Universität Basel mit seinem Buch *Seelischer Gesundheitsschutz* die Wurzeln zu seinen späteren »psychohygienischen Vorlesungen« an die Öffentlichkeit brachte und in seiner Folge Juristen, Pädagogen, Soziologen, Theologen und Mediziner Grundlagen von Freud, Adler und Jung zur Entstehung der psychosomatischen Erklärungsmodelle nutzten, war der Durchbruch zu einer vernetzten Wahrnehmung einer adäquaten Lebensführung geschafft. Die Neurowissenschaften der Gegenwart liefern nun die verblüffenden wissenschaftlichen Bestätigungen vieler Denk- und Verhaltensansätze des letzten Jahrhunderts. Es ist eine dringende Aufgabe geworden, diese Erkenntnisse in eine gelebte Praxis zu überführen. Dazu ist die richtige Stimmungslage eine unabdingbare Voraussetzung. Selbst wenn alle objektiven Rahmenbedingungen stimmen, kann der moderne Mensch seine Lebensqualität oft nicht genießen, weil Stimmungen oder Launen sich wie ein Filter über das alltägliche Erleben und Empfinden legen. Stimmungen sind die Hintergrundmusik des Alltags. Sie geben den »Ton« und die »Farbe« in unser Sozialverhalten, sie schwächen oder steigern unsere Leistungsfähigkeit und wirken mittelfristig auf unsere Gesundheit und unser Lebensglück. Ohne es direkt zu spüren, gleiten wir im Lauf eines Tages oft von einer in die nächste Stimmungslage. Gerade noch fühlen wir uns euphorisiert, gelassen und zuversichtlich, nur um uns im nächsten Moment »irgendwie gefrustet«, nervös oder depressiv zu fühlen.

Im Unterschied zu den großen Gefühlsmomenten wie Freude, Angst, Ärger oder Wut registrieren die meisten Menschen bei ihren Launen keine klaren Auslöser oder Bedingungsfaktoren. Stimmungen wühlen uns zwar nicht so auf wie unsere sogenannten Emotionen, dafür dauern sie zeitlich deutlich länger an und sind damit entscheidend für unsere Betrachtung von Lebenskunst und Lebensglück.

Unser Ziel ist es, nicht nur die Hintergründe und aktuellen Erkenntnisse der Stimmungsforschung verständlich zu machen, sondern Ihnen auch wirkungsvolle Instrumente des »Mood-Management« anzubieten.

Als Autoren wären wir natürlich glücklich, wenn unser Buch über Humor und die heitere Sicht der Welt nicht nur zur Verbreitung der guten Laune beitragen, sondern auch zum nachdenklichen Betrachten unser aller Lebensgewohnheiten und Rituale des Alltags anregen würde.

Unsere Schlussfolgerungen basieren auf Aussagen unterschiedlicher Wissens- und Wissenschaftsgebiete, ohne jeden Anspruch auf Vollständigkeit oder wissenschaftliche Gründlichkeit bis ins letzte Detail. Denn dann wäre dieses Buch unlesbar – und im Übrigen auch ganz ausgesprochen unhandlich geworden.

Helmut Fuchs und Dirk C. Gratzel
München, im Juli 2007

Ein Leitfaden für dieses Buch

Dieses Buch ist die erste zusammenfassende Darstellung zu den Grundlagen und Wirkungen von guter Laune. Im Vordergrund steht die Frage, wie wir als einzelner Mensch und als Mitglied der Gesellschaft zu einer positiven Lebensgrundhaltung finden. Wir wollen Ihnen zeigen, wie Sie mit guter Laune neuen Schwung für Ihr Leben bekommen.

Das Buch ist so angelegt, dass Sie nicht Kapitel für Kapitel vorgehen müssen, sondern nach Lust und Laune darin blättern können. Lediglich Teil IV ist in sich so geschlossen, dass Ihnen ein wichtiger Teil unseres launologischen Konzepts fehlen würde, wenn Sie auf ein Kapitel verzichten.

Machen Sie aus diesem Buch Ihren launologischen Begleiter. Wenn Sie es nicht ausgeliehen haben oder es zum Weiterverschenken benötigen, sollten Sie darin Wichtiges anstreichen und eigene Erkenntnisse notieren. *Wenn* Sie es ausgeliehen haben oder verschenken müssen, kaufen Sie sich gelegentlich ein neues. Nehmen Sie es mit, wenn Sie auf Reisen sind, und lesen Sie darin, wenn Ihnen die gute Laune einmal abhanden kommt – der Heiterkeits-Vorrat dieses Buches ist unerschöpflich.

T E I L 1

Heiter bis  wolkig –
alles über gute
und schlechte Laune

1

Der eine wartet, bis die Zeit sich
wandelt,
der andere packt sie an und handelt.

DANTE ALIGHIERI

Grundlagen und historische Wurzeln

»Eine verstimmte Gitarre hört sich grässlich an«, sagt Holger Ehrhardt-Rößler, Vorsitzender der Deutschen Gesellschaft für Musiktherapie aus Berlin, »auf ihr können Akkorde nicht harmonisch klingen. Mit schlechter Laune ist es ähnlich: Sie ist eine Verstimmung unserer Seele.«

Gleichwohl: Etwas Gutes hat sie auch, die schlechte Laune. Nach Erkenntnissen von US-Psychologen steigert eine negative Gemütslage das Erinnerungsvermögen. Die schlechte Laune einer Person führt zu einer differenzierten Verarbeitung des Erlebten, während eine positive Stimmung eher zu assoziativer Verarbeitung verleitet. Mit letzterer schleichen sich Fehler ein, das Assoziierte wird als wahr empfunden. »Geschönt« nennen wir diese Form des Erinnerns, die uns das Leben leichter, das präzise Erinnern freilich schwerer macht.

Demnach müssten die Deutschen über ein außergewöhnliches Erinnerungsvermögen verfügen. Stimmungsstudien zeigen auf, dass die »schlechte Laune« in Deutschland epidemieartige Ausmaße annimmt. Es besteht also dringender Handlungsbedarf.

Der amerikanische Psychologieprofessor David G. Myers hat eine ganz eigene Erklärung, warum wir Deutschen so miesepetrig sind: Es sind, so Myers, unsere Umlaute. Sie zwingen den Sprecher zu Gesichtsausdrücken, die eine negative Stimmung und sogar Traurigkeit verbreiten …

Die Launologie als Wissenschaft von der Heiterkeit will nun endlich Ursache und Wirkung von guter und schlechter Laune verstehen, um die Voraussetzungen und Parameter für eine heitere Lebenshaltung bestimmen zu können. Launologie beschäftigt sich vorwiegend mit den körperlichen, psychischen und sozialen Auswirkungen der Launenhaftigkeit und ist bemüht, interdisziplinarische Zusammenhänge bei der Erforschung und Bewältigung unserer inneren Einstellungen und Haltungen zum Leben transparent zu machen.

Launologie will Ihnen einen Werkzeugkasten an die Hand geben, in dem Sie immer passende Instrumente finden, um gut gelaunt alle Lebenslagen zu meistern. Doch um selbst in schwierigen Situationen seine gute Laune nicht zu verlieren, muss man erst einmal wissen, wo die Fallstricke lauern und warum dem so ist. Denn sowohl die gute wie auch die schlechte Laune haben ihren Platz in der Entwicklung des Menschen und seiner sozialen Strukturen. Und Sie werden sich wundern, wie weit die Tradition zurückreicht, sich über persönliche Stimmungsschwankungen zu unterhalten.

Der Ausdruck Laune (v. lat. *luna* = Mond) bezeichnet ursprünglich eine vermeintlich vom Mondwechsel ausgehende Einflussnahme auf den Menschen und seine Stimmung. Er stammt aus dem Frühmittelalter. Die phasenbedingte Wandelhaftigkeit des Mondes übertrug man auf den menschlichen Charakter, sodass eine jähe Veränderung der Gemütslage mit der Veränderlichkeit des Mondes in direkten Bezug gebracht wurde. Mondeinwirkung und Stimmungsschwankungen wurden auf diese Weise zu sprachlichen Anknüpfungspunkten für Wortschöpfungen im gesamten europäischen Kulturraum. Im englischen Sprachgebrauch etwa bezeichnet »lunatic« den eher gemütskranken Menschen, im italienischen beschreibt »lunatico« den in seinen Stimmungen stark schwankenden, wahrhaft üblen »launischen« Zeitgenossen.

Als »gute Laune« oder »launige Atmosphäre« bezeichnen wir eine optimistische Heiterkeit. Geselligkeit, Humor, vielleicht ein Schuss Spott zeichnen »launige« Momente aus. Doch besser als die »gute Laune« scheint vielen Menschen die negative Form, die »schlechte Laune« bekannt, die wir

> **Launologie** ist unserer Definition nach die Kunst heiterer Lebensführung. Der Launologe begegnet dem Leben mit Gelassenheit, Zuversicht und Optimismus. Schwierigkeiten, Probleme und Veränderungen sieht er als Chance, den eingeschlagenen Weg noch einmal zu überprüfen, neue Strategien zu erproben und/oder sich selbst weiterzuentwickeln. Er blickt den Realitäten selbstbewusst entgegen. Er hat erkannt, was wesentlich in seinem Leben ist. Er weiß den Wert all der Informationen, Botschaften und Appelle abzuschätzen, die sich täglich an ihn richten, ohne auszublenden oder zu negieren, was – wenn auch nicht für ihn, so doch für viele Menschen – großen Wert zu haben scheint.

meinen, wenn wir einen Mitmenschen als »launisch« charakterisieren. »Launisch« nennen wir seine Gemütsschwankungen, die scheinbar ohne erkennbare Ursache eintreten. Launische Menschen sind uns unangenehm.

Wie die Laune hat auch die Heiterkeit sprachlich weit zurückreichende Wurzeln. Das Wort stammt aus dem Mittelhochdeutschen und galt lange als ein Synonym zur Klarheit oder zur Transparenz. Heute kennen wir es aus der Charakterisierung einer Persönlichkeit – und natürlich des Wetters.

Der Philosoph Wilhelm Schmid merkt an: »Penetrante Fröhlichkeit verfehlt die Heiterkeit sogar völlig. Sie mutet töricht an, wenn sie grundlos ist, also um ihre Bedingtheit nicht weiß. Heiterkeit ist eine eher verhaltene, zurückhaltende Angelegenheit. Sie ist nicht ein bloßes Gelächter, sondern ein ernstes, ernsthaftes Unternehmen, ein altes und zu erneuerndes philosophisches Konzept. Nichts für moderne Zeiten, könnte man meinen. Da sie in der Moderne nicht zu finden ist, muss man in die Geschichte zurückgreifen, will man die Heiterkeit wiedergewinnen.«

Heiterkeit ist oft begleitet von Lachen und Humor. Gleichwohl darf sie nicht mit ausgelassener Fröhlichkeit oder Lustigkeit verwechselt werden. »Heiter bis wolkig« signalisiert uns der Wetterdienst – und wir freuen uns auf das kommende Wochenende. »Heiterkeit ist Regsamkeit, Bewegung, Leben«, schreibt Marie von Ebner-Eschenbach, und Martin Luther, eine echter Launologe, schlug in seinen Tischreden vor: »Die Jugend soll nicht traurig sein, sondern heiter und fröhlich. Junge Menschen sollen voll Frohsinn sein.«

Die vorphilosophischen Anfänge einer heiteren Grundhaltung spiegeln sich in vielen Bildern. Die frühesten zeichnet die griechische Mythologie. *Euthymía*, die Heiterkeit im Griechischen, ist wahlweise Göttin neben Zeus, dem Götterkönig, oder eine Bache, die Dionysos, dem Gott des Weines (wir kennen ihn auch als Bacchus), der Fruchtbarkeit und der Ekstase, vortanzt. Sie symbolisiert Lebensfreude, Entspannung, aber auch Anmut, Jugendlichkeit und Leidenschaft.

In den Anfängen der Philosophie hat Demokrit (ca. 460 bis 370 v. Chr.) eine erste Begriffsbestimmung versucht. In der Aufzeichnung seiner Schriften firmiert der Titel einer Abhandlung *Über die Heiterkeit*, die leider verloren gegangen ist, aber in seinen *Fragmenten zur Ethik* lassen sich Teile daraus finden. Heiterkeit ist demnach und »entgegen einer irrigen Annahme nicht mit der Lust identisch«. Sie ist, meint Demokrit, viel eher dort zu finden, wo »die Seele sich gelassen und wohl gefestigt verhält und nicht durch Furcht, Aberglauben oder einen anderen Affekt erschüttert wird«. (Zitat Schmid) Sie ist ethische Haltung, verbunden mit einer klaren Sicht der Welt, und »sie ist nicht nur irgendein Wert, nein, sie ist das höchste Gut, nicht abhängig von äußeren Gütern«.

Auch Seneca (etwa 4 v. Chr. bis 65 n. Chr.) ist ein wichtiger Botschafter der Heiterkeit. Sein Begriff der *tranquillitas* ist die Übersetzung der griechischen *euthymía*, beschrieben in der Schrift *Über die Ausgeglichenheit der Seele (De tranquillitate animi)*, die von der sogenannten Seelenruhe handelt, die wir nicht mit Untätigkeit verwechseln dürfen. Seelenruhe ist ein Zustand, der in antiken – und auch in heutigen – Vorstellungen nur durch konzentrierte Aktivität erreichbar ist. Seneca lehrt uns über sie: »Fröhlichkeit ist ausdrücklich nicht Heiterkeit, sie ist nur ein Instrument dazu, ein kleiner Exzess, ein Übermut, ein Frohlocken und Jauchzen, eine Ausgelassenheit, die das

Pendel der Heiterkeit gelegentlich nach dieser Seite hin ausschlagen lässt.«(Schmid)

Hier und da, meint Seneca, sei es durchaus willkommen, auch mal vorübergehend den Kopf zu verlieren: Auch so wird *tranquillitas*, nämlich Heiterkeit im Sinne der Ausgeglichenheit, bewahrt und wiederhergestellt – durch den Wechsel zwischen dem In-sich-selbst-Gehen und dem Aus-sich-heraus-Gehen, zwischen Introversion und Extroversion. Heiterkeit soll uns mit einer Erhabenheit ausstatten, die uns über Alltägliches und Gewöhnliches erhebt. Schmid: »Der heitere Mensch ist *entrückt* im wirklichen Sinne des Wortes, und er steht doch mitten im Leben, wie es gelebt wird.«

Lebenskunst-philosophisch scheint also gerade die Erfahrung von Widersprüchlichkeit ein wichtiges Wesensmerkmal einer in sich ruhenden, klaren, eben heiteren Lebenshaltung zu sein. Eine Betrachtung, die auch der Basler Psychiater und Lehrstuhlinhaber für Psychohygiene, Prof. Dr. Heinrich Meng, als unausweichliche Grundlage für eine ausgewogene Lebensführung zitiert, und die sich ebenso in der Beschreibung der »Komplementärgebundenheit menschlichen Seins« von Gregory Bateson wiederfindet. Freude und Leid, Trauer und Frohsinn, Einsamkeit und Geselligkeit, Sorge und Muße sind ihm zufolge wiederkehrende Prozesse einer gegensätzlich, also komplementär gebundenen Lebensvielfalt. Das eine ist, diese Erfahrung lehrt uns das Leben, ohne seinen Gegensatz nicht erlebbar. Keine Freude ohne Trauer, kein Wert der Geselligkeit ohne die Erfahrung des Einsam-Seins. Heiterkeit beseitigt diese Gegensätze nicht. Aber eine stabile, heitere Grundhaltung nimmt ihnen die belastenden Gefahren. Gelegentliches »Angeheitertsein« ist ihr schon von alters her erlaubt.

Manchmal soll man's auch fast bis zu einem Rausch kommen lassen, aber nicht so, dass er uns ertränke, sondern nur eintauche. Der Wein spült ja Sorgen fort, und er lockert den Geist gründlich auf: Wie manche Krankheiten heilt er den Trübsinn, und so ist der ›Befreiende‹ nicht wegen der Zügellosigkeit der Zunge der Erfinder des Weines genannt worden, sondern weil er den Geist befreit von der Knechtschaft der Sorgen.« *Seneca*

Der durch seine biografischen und philosophischen Werke bekannt gewordene griechische Schriftsteller Plutarch ist ebenfalls eine wichtige Station in der Begriffsgeschichte der Heiterkeit. Er lebte von 45 bis 125 n. Chr. das Leben eines wahren Launologen. Seine Ansichten sind bis heute hochmodern und lebenskunst-philosophisch hervorragend bei Wilhelm Schmid bearbeitet.

Plutarch erinnert demnach daran, dass beim Verständnis der Heiterkeit als Seelenruhe für manche Menschen ein Missverständnis entstehen kann: Heiterkeit als Zustand der Untätigkeit, des Stehens, als »Ruhe« zu sehen. Würde sie tatsächlich darauf beruhen, wäre dies, so konstatiert er, gerade so, als »würde ein Seelenarzt widersinnige Dinge für eine unruhige Seele verordnen: Leichtsinn, Schlaffheit, Ver-rat an Freunden, Familie, Vaterland, für die man ja sodann nichts mehr zu tun hätte. Anstelle von Heiterkeit wäre das zwangsläufige Resultat solcher Untätigkeit der Missmut *(dysthymía)*.«

Plutarch propagiert einen Gegenentwurf: Heiterkeit soll, wenn auch nicht um ihrer selbst willen, so doch »um des Schönen willen« erstrebt werden. Sträflich wäre für ihn das »Unterlassen des Schönen; es wird mit Trübsal und Unruhe bestraft«. Heiterkeit, so lässt sich daraus schließen, resultiert also aus der Tätigkeit zur Realisierung des Schönen, also dem, was – so Plutarch – »voll und ganz bejaht werden kann«.

Heiterkeit beruht philosophisch darauf, Missmut zu vermeiden. Doch selbst wenn wir in diesem Sinne handeln, dürfen wir auch bei Plutarch nicht erwarten, dass dies reibungslos vor sich geht. Unsere Werkzeuge, die realen wie die zwischenmenschlichen, sind meistens krumm und schief, und es kommt – so die Lehre aus Plutarch – »darauf an, sie so zu gebrauchen, wie sie nun mal beschaffen sind«, sie schonend und maßvoll zu benutzen. Dies gilt erst recht für den Umgang mit den Menschen: Sie sind so, wie sie sind. Und sollte es Probleme im Umgang mit ihnen geben, ist die Ursache dafür wohl eher bei uns selbst zu suchen. Unsere Selbstliebe ist – vielleicht – gekränkt. Das lässt sich, so der altgriechische Ansatz, korrigieren, indem wir uns weniger betroffen fühlen. Wer sich daran gewöhnt, Eigenarten und Merkwürdigkeiten anderer Menschen hinzunehmen, der erreicht anstelle von Missmut Wohlgemutheit.

Für die antike Philosophie ist es unsinnig, sich über erfreuliche Dinge nicht zu freuen. Es hat keinen Sinn, sich nur das Übelste und Schlimmste im Leben vor Augen zu führen. Immer hat das Leben auch erfreuliche Seiten, über die hinwegzugehen sträflich wäre. Der Philosoph Aristipp, den Plutarch gerne zitierte, ging mit gutem Beispiel voran und verstand es stets, die Gewichte seiner Aufmerksamkeit so zu verteilen, dass die Waage seines Lebens grundsätzlich zu den erfreulicheren Dingen hin ausschlug. Im Zweifelsfall war jedes Erleben für ihn lediglich eine Frage der Perspektive, die er zurechtzurücken verstand. Wichtig sei, »auf sich selbst zu blicken« und sich nicht mit denen zu vergleichen, denen es besser ginge. Denn sonst empfänden wir immer, egal auf welcher Ebene, Mangel im Vergleich zu dem, was diejenigen »über uns« haben. Selbst Könige empfanden bei Aristipp noch Mangel – wenn auch nicht am Irdischen, so doch an all dem, was die Götter haben! Immer gäbe es so, wie weit man auch käme, noch einen weiteren Grund, unzufrieden mit dem eigenen Zustand zu sein; immer würde es an etwas fehlen, das andere haben. Damit aber schlage und bestrafe man sich selbst, statt sich zu sagen, »beneidenswert ist unser Leben«.

Für die antike Betrachtungsweise trägt jeder Mensch beides ins sich: Heiterkeit und Missmutigkeit *(dysthymía)*. Ein Widerspruch wie dieser findet sich für sie nun einmal in der Seele. Aber wir selbst entscheiden darüber, ob wir uns grämen oder freuen, welche Seite des Widerspruchs wir also stärker betonen. Es ist uns zwar nicht möglich, dasjenige zu verwerfen, was bereits vergangen ist und Missmut erzeugen konnte. Möglich ist jedoch, machen wir uns eine solchermaßen durchaus aufgeklärte Ansicht zu eigen, die Arbeit und den Genuss, den das Vergangene in sich enthält, zu bewahren, mit dem Gegenwärtigen zu verbinden und aus dem Gegenwärtigen heraus das Künftige nicht zu verachten. Nur so werden wir, wie die antiken Philosophen sich das angelegen sein ließen, ein reiches und weites Selbst, das nicht allein in der jeweiligen Gegenwart »stumpfsinnig und freudlos« lebt, ganz ohne Vergangenheit und Zukunft.

Plutarchs Quintessenz lautet: Nur keine Furcht vor den Wechselfällen des Schicksals. Wenn man nicht in Furcht lebt vor dem Umschlag der Dinge in ihr Gegenteil, kann man beide Seiten von Widersprüchen bewusst leben: Licht *und* Schatten, schön *und* hässlich, Lust *und* Schmerz, auch wenn man sich jeweils das wünscht, was als das Bessere erscheint. Wer die Zufälligkeit bejaht und sich über das freut, was sie bringt, statt sich über das zu grämen, was sie mit sich nimmt, lebt bei Plutarch »ohne Furcht und Zittern« und kann vom Gegenwärtigen intensiveren Gebrauch machen. Er ist nicht mehr zu überraschen von dem, was geschieht, sondern ist auf alles vorbereitet.

Die Grundlage dafür ist nichts weiter als eine vorsätzliche Übung und Überlegung, die uns für den Zufall bereit sein und keine Fantasien über ein »Leben in zarter Unberührtheit« in uns entstehen lässt.

Unabhängig davon, was uns das Schicksal, der Zufall bringt und worauf wir ohnehin keinen Einfluss haben, können wir uns um das bemühen, was in unserer eigenen Macht steht. Wir können das tun, was »an uns« ist: Ein Leben ohne Reue führen. Wenn wir versäumen, das zu tun, was »an uns« ist, überfällt uns die »Reue«, die in der Prosa griechischer Philosophie »mit ihren Stichen gleichsam der Seele Blut abzapft«.

Die Herausforderung des Lebens besteht nach Plutarch also darin, ein Leben zu führen, in dessen Verlauf nichts bereut werden muss. Reue über unsere Taten oder Versäumnisse wäre für Plutarch schlimmer als aller Kummer über das, was von außen her über uns kommt – für das, was von innen kommt, sind wir schließlich selbst verantwortlich. Keine noch so schöne und großartige Äußerlichkeit – Haus, Gold, Macht oder der eigene Auftritt – kann schließlich »so heiteren Himmel und so glatte See gewähren wie eine Seele, die von niederem Treiben und Trachten rein ist«.

2

Aus den Wolken muss es fallen,
aus der Götter Schoß, das Glück,
und der mächtigste von allen
Herrschern ist der Augenblick.

FRIEDRICH SCHILLER

Fünf Irrtümer, die Laune betreffend

Die fünf größten Irrtümer lauten:

1. Gute Laune hat man oder hat man nicht.
2. Gute Laune hängt von äußeren Umständen ab.
3. Gute Laune kann man nicht beeinflussen.
4. Gute Laune ist davon abhängig, wie man mich behandelt.
5. Man kann nicht immer gute Laune haben.

Irrtum Nummer 1:
Gute Laune hat man oder hat man nicht

Erstaunlicherweise finden wir bei den meisten Menschen in Bezug auf die eigene Stimmung eine tiefe Schicksalsgläubigkeit. Sie betrachten die Stimmungen als »gottgegeben« oder, wie Friedrich Schiller es nannte, »aus den Wolken« gefallen und verwenden nur wenige Gedanken darauf, dass die jeweilige »Laune« hausgemacht sein könnte. Genau dies aber ist der Fall. Und genau darin liegt unsere Chance: Wenn die Ursachen unserer Zustände in uns zu finden sind, dann sollten sie beeinflussbar sein.

In der Launologie nennen wir diese Chance zur Selbstbestimmung unserer Laune »persönliche Qualität«. Es ist eine Lebenskunst, und sie zu beherrschen ist erstrebenswert, weil sie uns hilft, unser Leben befriedigender zu gestalten. Diese Kunst, die auch als »Emotionale Selbststeuerung« bezeichnet werden kann, basiert unter anderem auf Erkenntnissen der kognitiven Therapie. Außerdem fließen in sie viele lesenswerte Ausführungen von Dr. Albert Ellis, einem amerikanischen Psychologen und Psychotherapeuten, ein, dessen RET (Rational-Emotive-Therapie) durch das sogenannte NLP (Neuro-linguistisches Programmieren) eine weite Verbreitung fand.

Doch keine Angst! Wir stufen Sie weder als krank noch als behandlungsbedürftig ein. Viele geistig und seelisch gesunde Menschen kommen – in unserer komplexer werdenden Umwelt – immer häufiger in Situationen, in denen sie negative Stimmungen und Gefühle quälen. Oft sind die Anlässe vergleichsweise banal. Doch gerade diese Situationen stellen launologisch Weichen: Wiederkehrende Stimmungen und Gefühle führen dazu, dass wir sogenannte Annäherungstendenzen beziehungsweise Vermeidungstendenzen zeigen. Wir betrachten bestimmte Situationen als »schicksalhaft«, »unvermeidlich« oder »gottgegeben«. Folgerichtig versuchen wir auch nicht mehr, sie aktiv zu beeinflussen, und nehmen schlimmstenfalls den damit verbundenen Verlust an Lebensqualität – in welchem Winkel unseres Lebens auch immer – fatalistisch hin.

Wir stellen uns dieser inneren Ergebenheit entgegen. Wir rüsten Ihre Verteidigungsbereitschaft gegen Missmut, üble Laune und depressive Episoden auf und präsentieren Ihnen ein Arsenal an Werkzeugen und Waffen, die Sie zu einem Launologen ersten Grades machen. Aus unserer praktischen Arbeit wissen wir: Es gibt nur wenige Personen, denen diese Gedanken und die daraus abgeleiteten »Werk- und Denkzeuge« nicht helfen.

Unser launologischer Ansatz ermöglicht es Ihnen, aktiv Selbsthilfe zu betreiben. Öffnen Sie sich ein wenig und lächeln Sie über den Gedanken, Sie lägen als Leser quasi auf der Therapeuten-Couch. Praktische Psychologie begegnet Ihnen hundertfach am Tag: Machen Sie sie für sich nutzbar. Werden Sie ein Stimmungsexperte. Schließlich mutet es doch kurios an, dass die meisten Menschen wenige Schwierigkeiten haben, sich bei Kopfschmerzen, Magenverstimmungen oder Erkältungen mit Medikamenten, Hausmitteln, heißen Bädern oder Ruhepausen selbst zu helfen; ihren Stimmungen oder Gefühlsausbrüchen fühlen sie sich aber genauso ausgeliefert wie die Menschen im Mittelalter gegenüber Seuchen. Nur weil sie nicht wissen, wie sie entstehen und wie man sie vermeiden kann, legen sich die negativen Gefühle ohne Vorwarnung eigenmächtig wie ein Nebelschleier über sie.

Beim Durcharbeiten dieses Buchs wird sich dieser Schleier lichten. Sie werden verstehen, wie unerwünschte Emotionen entstehen und inwiefern wir an ihrem Entstehen mitbeteiligt sind. Dann ist eine Voraussetzung geschaffen, damit Sie Ihre Emotionen gezielt steuern können, denn dreierlei ist Ihnen dann bewusst:

- Sie sind Ihren Gefühlen nicht hilflos ausgeliefert.
- Sie können lernen, Ihre Gefühle wirkungsvoll zu beeinflussen.

- Sie können Ihre Gefühle einfacher beeinflussen, als Sie heute glauben.

Wie diese Beeinflussung geht, das zeigen Ihnen auch die in diesem Buch vorgestellten Übungen.

Irrtum Nummer 2: Gute Laune hängt von den äußeren Umständen ab

»Dem Fröhlichen ist jedes Unkraut eine Blume, dem Betrübten jede Blume ein Unkraut«, sagt ein altes finnisches Sprichwort. Und weist damit auf den verbreiteten Irrtum hin, äußere Umstände, vor allem sozialer Stand und materieller Besitz, seien wichtige Einflussgrößen unserer Stimmung. Besitz und Wohlstand mögen als »Hüter des Schlafes« eine psychohygienische Bedeutung haben – ein Garant für gute Stimmung sind sie keinesfalls.

Wie sehr Menschen gleichwohl diesem Glauben anhängen, konnte am 7. Oktober 2006, einem Samstag, beobachtet werden. Im Lotto wurde mit 36 Millionen der größte Jackpot aller Zeiten ausgespielt. Im Vorfeld liefen die Menschen wie Lemminge in die Lottoannahmestellen, als ob es einen gesicherten Zusammenhang gäbe zwischen Reichtum, Lebensglück und Erfüllung. Der *Bild*-Kolumnist F. J. Wagner nahm es zum Anlass zu kommentieren:

»*Lieber Jackpot,* angenommen, ich gewinne dich, 29 Millionen, dann gibt's keine Post von Wagner mehr. In der Rubrik ›Leben und Wohnen‹ würde vielleicht meine Villa auf großem Grundstück mit vollbeschäftigtem Gärtner gezeigt werden;

neben mir eine Frau von etwas über 20, vorzugsweise blond. Meine Zahnlücke wäre gerichtet. Und hinten am Kopf wachsen mir neue Haare. Ich hätte Reithosen an, weil ich vier Araber besitze. Weil ich mir die Namen meiner blonden Törtchen nicht merken kann, nenne ich sie alle Darling. Zum Frühstück trinke ich Champagner, dabei telefoniere ich mit meiner Investment-Bank. Ich trage einen seidenen Bademantel. Danach setze ich mich leicht betrunken in meinen Rolls-Royce. Gott gebe, dass ich niemals im Lotto gewinne und niemals so ein Arsch werde. Arm, aber glücklich schreibt Ihnen weiter, Ihr FJW.«

Wissenschaftlich betrachtet ist ein das Überleben und die Existenz sichernder Besitz eine wichtige Voraussetzung für eine zufriedene Lebensführung. Doch jenseits dessen schafft mehr Reichtum weder mehr Glück noch mehr Heiterkeit. Vielmehr deutet vieles darauf hin, dass ganze Gesellschaften ab einem bestimmten Wirtschafts- und Sozialniveau mit launologisch eher bedenklichen Aspekten zu ringen haben: mangelnde Verteilungsgerechtigkeit, Wertearmut oder Freizeitstress. Dies alles sind Symptome, die in einer den Grundbedürfnissen stärker verpflichteten Gemeinschaft weitgehend unbekannt sind. Nicht verwunderlich also, wenn der ganz überwiegende Teil der reichen westlichen Welt in den internationalen Glücksindizes bestenfalls im hinteren Mittelfeld rangiert, und dabei die Pro-Kopf-Ausgaben für Stimmungsaufheller insbesondere in den USA und Westeuropa weltmeisterlich sind.

Reichtum schließt Glück nicht aus. Existenzielle Not macht aber nicht glücklich, höchstens erfinderisch. Hunger und Verzweiflung lassen zwar Träume zu, nicht aber ihre Erfüllung.

Die Milliarden machten ihn einsam«, schrieb eine große Tageszeitung über den Tod des Milliardärs Friedrich Karl Flick. »Er war so reich, dass er jeden Tag im Lotto gewann, aber wenn er in seiner Münchner Villa (600 m²) auf die Terrasse trat, erhob sich hydraulisch eine kugelsichere Glaswand. Seine Autos waren gepanzert. Seine Leibwächter trugen Maschinenpistolen. Er flog Helikopter (2000 Euro/Stunde). Er reiste ohne Gepäck (in jeder Residenz hingen fünf identische Maßanzüge). Sein letzter Stuhl war ein Rollstuhl. Er hat 60 Jahre gelebt, wie nur Milliardäre leben können. Aber am glücklichsten war er beim frisch gezapften Bier bei Käfer und beim Lächeln seiner Zwillinge«, hieß es im Abspann.

Doch jenseits einer Existenzsicherung, jenseits von Hunger, Durst und elementaren materiellen Nöten ist persönliches Glück mit Besitz und Vermögen nicht zu erreichen.

Irrtum Nummer 3: Gute Laune kann man nicht beeinflussen

Wie heißt es so schön: »Wende dein Gesicht der Sonne zu, dann fallen die Schatten hinter dich!« Vielleicht werden Sie einwenden, eine Änderungen der Perspektive sei ja schön und gut – nur wenn Ihnen nicht nach Heiterkeit zumute sei, würde das wenig nützen. Das akzeptieren wir. Doch vielleicht machen Sie ein paar wissenschaftliche Erkenntnisse nachdenklich: »Wer sich zu einem Lachen zwingt, bekommt bessere Laune«, schrieben vor einigen Jahren Stimmungsforscher und überraschten die Fachwelt mit mehreren physiologischen Untersuchungen. In einem Experiment stellten amerikanische Psychologen Versuchspersonen die Aufgabe, einen dünnen Bleistift zwischen die Zähne zu klemmen – was unweigerlich ein Lächeln erzeugt. Überraschenderweise stieg daraufhin das Stimmungsbarometer deutlich an. Als dieselben Versuchspersonen den Bleistift auf den gewollt aufgesetzten Schmollmund legten, sank die Laune auf den Tiefpunkt. Auch das Aussprechen des Vokals E – was dem Gesicht einen fröhlichen Ausdruck verleiht – führte zu einer messbaren Stimmungsverbesserung. Das Aussprechen des Vokals U, der uns eher mürrisch aussehen lässt, führte hingegen zur ebenso messbaren Verschlechterung der Stimmung der Probanden.

Das Lächeln und Lachen die Stimmung verbessert, wissen wir also. Wie läuft aber so ein »Lächelprozess« ab und was macht er mit uns?

Nun, normalerweise nehmen wir zuerst einen hörbaren oder sichtbaren Reiz auf, der über unsere Nervenbahnen an das Gehirn weitergeleitet wird. Dort »beurteilen« wir das Gesehene oder Gehörte und finden es lustig – oder eben nicht. Mit anderen Worten: Wir »vergleichen« eine Sinneswahrnehmung mit unseren Erfahrungen und Verhaltensprogrammen. Finden wir eine als lustig erlebte Begebenheit der Vergangenheit, die dem Gesehenen oder Gehörten (oder beidem) ähnelt, sendet das Gehirn Botenstoffe aus und gibt so den Befehl zum »Lächeln«.

Das Spannende daran ist nun: Wir können den »Spieß« umdrehen und unser Gehirn austricksen: Lächeln Sie – am besten in einen Spiegel – für mindestens 60 Sekunden. Durch die mimische Funktion des Lächelns werden bestimmte Nervenpunkte aktiviert, die ihrerseits an das Gehirn melden, dass gelächelt wird – genauso wie sie es täten, wenn sie ein Kommando des Gehirns zum Lächeln bestätigen müssten. Unser Gehirn erhält diese Information und betrachtet sie als den unumstößlichen »Beweis«, dass »gute Laune« vorhanden ist. Das führt zu einer kurzen Verwirrung, da es ja keine entsprechenden Signale ausgeschickt hat. Doch da unser Gehirn seine eigene Informationsverarbeitung nicht missachten kann, aktiviert es – lieber spät als gar nicht – das entsprechende Stimmungsprogramm und befiehlt den sofortigen Ausstoß der passenden Glückshormone – die gute Laune entsteht nun auch physiologisch messbar. Das Ergebnis: Unsere Stimmung verbessert sich spür- und messbar in 60 Sekunden.

Irrtum Nummer 4:
Für meine Laune sind andere zuständig

1. »Mit diesem Idioten arbeite ich keine Minute länger zusammen!«
2. »Der Kerl bringt mich ins Grab!«
3. »So einen Chaoten habe ich noch nie erlebt!«
4. »Ich bin anscheinend hier der Depp für alle!«
5. »Ich bin zu gutmütig, ich werde nur ausgenutzt. Ich schmeiße alles hin!«

Kommen Ihnen diese Sätze bekannt vor? Vermutlich. Die meisten Arbeitnehmer haben diese und ähnliche schon einmal zu sich oder Kollegen gesagt, wenn eine Situation kaum mehr auszuhalten war. Helfen sie uns bei der täglichen Arbeit? Manchmal ja! Schließlich sind wir keine emotionslosen

Maschinen. Folglich müssen wir auch mal Dampf ablassen. Gefährlich werden solche Sprüche aber, wenn wir dauerhaft so mit uns selbst und anderen reden und sie unsere Grundeinstellung widerspiegeln. Dann sind sie keine »reinigenden Gewitter« mehr, nach denen wir befreit weiterarbeiten. Stattdessen legen sie uns selbst und unsere (Zusammen-)Arbeit lahm. Resignation hat uns gepackt, und wir lassen uns von der Annahme leiten: »Das *oder* der ist halt so« oder »Daran kann ich nichts ändern«.

In unseren launologischen Seminaren stellen wir den Teilnehmern regelmäßig folgende zwei Fragen:

- »Wer hindert Sie daran, sich an Ihrem Arbeitsplatz richtig wohlzufühlen?« und
- »Wer ist schuld an Ihrem großen täglichen Ärger?«

Meist erhalten wir die Antwort: »Mein Chef!« Diese Antwort kommt so regelmäßig, dass wir glauben könnten, es gäbe einen geheimen Ort, an dem jeder angehende Chef all die feinen Methoden lernt, mit denen er anschließend tagtäglich seine »Untergebenen« – bewusst oder unbewusst – quälen, diffamieren, verletzen und erniedrigen kann.

Diesen Ort gibt es natürlich nicht. Trotzdem betrachten viele Arbeitnehmer ihre Gefühle von Ärger, Unausgeglichenheit, Frustration und Wut entweder als gottgegebene Bestandteile ihres Lebens oder sie machen andere Menschen, Situationen oder Ereignisse dafür verantwortlich.

Wie ist dies bei Ihnen? Was würden Sie antworten, wenn wir zu Ihnen sagen würden: »Es gibt *keine* Personen, Situationen oder Ereignisse, die Ihre unangenehmen Gefühle auslösen.«

»Blödsinn«, würden Sie vermutlich sagen. Vielleicht würden Sie uns zudem einladen, einen Tag Zeuge des täglichen Irrsinns zu sein, dem Sie schon viele Jahre ausgesetzt sind. Vielleicht würden Sie auf Ihr Leben zeigen und noch einmal betonen: »Da muss doch jeder normale Mensch verrückt werden. Können Sie sich vorstellen, hier gute Laune zu bekommen?«

Viele Menschen machen sich das Leben schwer. Sie lassen sich nicht nur zum Spielball äußerer Umstände machen, sondern sind auch ihren unangenehmen Gefühlen hilflos ausgeliefert, weil sie nicht wissen,

- wie diese Gefühle entstehen und
- wie sie selbst zu ihrem Entstehen beitragen.

Außerdem fehlen ihnen einfache Werkzeuge launologischer Selbstkontrolle, mit denen sie die Gefühle, die bei der Wahrnehmung von bestimmten Situationen und Personen entstehen, schnell und wirkungsvoll beeinflussen und steuern können.

»So etwas gibt es nicht« oder »Das klappt niemals!«, werden Sie vielleicht einwenden. »Mein Ärger kommt so schnell und direkt, da habe ich keine Chance, lenkend einzugreifen.« Falsch. Sie haben diese Chance. Jederzeit.

»Ärger ist ein böses Vieh – er schadet nur und hilft uns nie«, sagt eine alte Bauernweisheit. Zu Recht. Wenn wir uns von negativen Gedanken leiten lassen, verrennen wir uns schnell in innere Sackgassen, aus denen es scheinbar keinen Ausweg gibt. Deshalb sollten Sie lernen, Ihre unerwünschten und störenden Gefühle so zu beeinflussen, dass sie sehr schnell wieder in einen »grünen Bereich« gelangen. Launologische Konzepte leisten genau dies. Und schon vorab ein kleiner Tipp:

- Wenn du lächelst, übst du das Lächeln!
- Wenn du grübelst, übst du das Grübeln.
- Wenn du deine Meinung sagst, übst du, deine Meinung zu sagen.
- Und wenn du dich bemitleidest, übst du, dich zu bemitleiden.

Irrtum Nummer 5: Man kann nicht immer gute Laune haben

»Es ist immer viel zu wenig gelacht worden in der Welt – und das ist des Menschen größte Schuld.« Friedrich Nietzsche war ein kompromissloser Launologe. Doch selbst wenn wir seine Ansicht teilen: Als Dauerzustand scheint gute Laune doch kaum zu taugen. Man kann nicht immer gute Laune haben, schallt es uns häufig schon als Kind entgegen – jene Zeit, in der die meisten von uns launologisch beinahe unbeirrbar heiter sind. »Warum nicht?«, wird der ausgefuchste Launologe zurückfragen – anscheinend schaffen es ja auch nicht wenige Menschen spielend, immer schlechte Laune zu haben.

Doch Spaß beiseite: Wir wollen Realitäten nicht verneinen, sondern ihnen gelöst und heiter begegnen. Eine launologische Grundhaltung soll die Stöße des Lebens abfedern, nicht verneinen. Dann wird es Ihnen möglich sein, sich in schwierigen Momenten des Lebens ernsthaft den Herausforderungen zu stellen, ohne Ihre positive Erwartung an die eigene Zukunft auch nur im Mindesten zur Disposition zu stellen. Trauer,

Schmerz und Leid werden Ihnen als Erfahrungen und Mahnungen im Gedächtnis bleiben, nicht aber als unüberwindbare Barrieren.

Schließlich steckt in jeder Krise ein Neuanfang, in jedem Verlust auch Raum für einen Neugewinn. In unserer in Gegensätzen gebundenen Existenz sind es – treten wir ihnen geklärt entgegen – die scheinbar negativen Ereignisse und Begebenheiten, die Ausgangspunkt für Freude und Lebensglück sind.

Der Farbpsychologe Prof. Dr. Max Lüscher beschreibt die Gefährdung der Laune des modernen Menschen anhand zweier Autoreifen. Ein Reifen ist gut gefüllt, ein anderes Exemplar fast platt.
Was passiert nun, wenn wir mit dem gut gefüllten Reifen aus Versehen einen scharfkantigen Bordstein überfahren? Vermutlich wenig, weil der gut gefüllte Reifen den Stoß abfedert.
»Was passiert aber«, fragte Lüscher, »wenn Sie mit dem schlecht gefüllten Reifen über den Bordstein fahren? Sie werden sich einen dauerhaften Schaden an der Felge zuziehen und Ihren Weg, falls Sie ihn nicht sofort unterbrechen müssen, nur noch unter massiver Komforteinbuße fortsetzen können.«
Genauso ergeht es jenen Menschen, die nicht in der Lage sind, ihren »Stimmungsreifen« aufzupumpen. Sie sind im wahrsten Sinne des Wortes »platt«. Statt aufzupumpen fahren sie eine Delle nach der anderen in ihre seelische »Felge«. Sie sind die schlecht gelaunten, empfindlichen und gereizten Mitmenschen, die vielleicht auch das wenig schmeichelhafte Bild des schlecht gelaunten Deutschen mit zu verantworten haben.

Strategien, die meine Laune beeinflussen

Gedankenstrategien

- An Freude denken: »Ich denke an Menschen und Dinge, die mich fröhlich machen.«
- Vorausschauend: »Ich male mir in Gedanken ein Ereignis aus, auf das ich mich freue.«
- Konstruktives Denken: »Ich schaue auf das, was gut ist, und nicht auf die Schattenseite.«
- Innerer Dialog: »Ich denke an schlimmere Situationen, die hätten eintreten können.«
- Entspannung: »Ich lasse die Seele baumeln und relaxe konsequent.«
- Rationalisierung: »Ich versuche, die Gedankenauslöser für die Gefühle zu finden.«
- Akzeptieren: »Ich katastrophiere nicht und erlaube es mir, mich auch mal schlecht zu fühlen.«
- Vermeidung: »Ich schiebe es weg und versuche, es aus meinem Kopf zu bekommen.«

Verhaltensstrategien

- Angenehme Dinge tun: »Ich erfülle mir einen lang gehegten Kaufwunsch.«
- Stimulanzen benutzen: »Ich trinke ein Glas prickelnden Champagner.«
- Sport: »Ich gehe ins Fitness-Studio und tobe mich aus.«

- Entspannung: »Ich gönne mir rechtzeitig eine Ruhepause.«
- Ablenkung: »Ich stürze mich in die Arbeit.«
- Problemorientierung: »Ich wende mich dem Problem zu und versuche es zu lösen.«
- Soziale Hinwendung: »Ich lade eine Freundin ein und schütte ihr mein Herz aus.«
- Expression: »Ich übe den freundlichen Blick und die freundliche Stimme.«
- Gefühle herauslassen: »Ich suche mir einen ruhigen Platz und schreie alles aus mir raus.«
- Rückzug: »Ich ziehe mich zurück und verbringe ein paar Stunden alleine.«

3

26 Prozent

ANTEIL ALLER DEUTSCHEN ARBEITNEHMER,
DIE MIT IHREM ARBEITGEBER
INNERLICH ENDGÜLTIG ABGESCHLOSSEN HABEN

Schlechte Laune kostet Geld und Nerven

Die Naturwissenschaft, die unser Weltbild prägt, beschäftigt sich in der Schulmedizin, im Finanzwesen oder in der Bildung und Erziehung hauptsächlich mit Wirkungen und Symptomen, nicht mit Ursachen. Wir bevorzugen diese Art, unsere Welt zu konstruieren und uns in ihr zu orientieren. Leider geht uns dabei gelegentlich der Überblick verloren. Scheinbar erwünschte Wirkungen gehen auf kritische Ursachen zurück, die wir hinter den erwünschten Ergebnissen gar nicht erkennen. Ein Beispiel: Der Wohlstand eines Gemeinwesens wird in unserer Gesellschaft mit dem Bruttosozialprodukt (BSP), also als Summe aller Dienstleistungen und Güter, gemessen. Die internationale Stellung eines Landes und sein politischer Einfluss werden zu einem großen Teil von diesem BSP bestimmt.

Umweltprobleme, Zivilisationskrankheiten und Kriminalität sind – auf den gemeinsamen Nenner sollten wir uns einigen können – nicht wünschenswert. Erstaunlicherweise sind nun aber Umwelt- und Entsorgungstechnologien wichtige deutsche Exportgüter. Der jährliche Beitrag zum BSP liegt für diese Branchen, je nach Betrachtungsweise, bei 25 bis

140 Milliarden Euro – undenkbar ohne die jahrelange Erprobung dieser Techniken an den Umweltproblemen im Inland. Ja, mehr noch: Erst durch die Probleme im eigenen Land, die unser BSP schwächen, entsteht ein Bewusstsein für die Not-

»Kürzlich besuchte ich Bhutan und entdeckte ein zutiefst weises und schönes Land. 90 Prozent der Bevölkerung von Bhutan leben in kleinen bäuerlichen Familienbetrieben vor allem vom biologischen Anbau einer Vielzahl von Nahrungsmitteln, primär für den eigenen Bedarf. 60 Prozent der Landfläche werden von natürlichen Wäldern bedeckt, etwa ein Fünftel davon entfällt auf geschützte Reservate für Flora und Fauna. Die Architektur ist von ungewöhnlicher Schönheit; die Umweltverschmutzung und die Kriminalitätsrate haben den weltweit tiefsten Wert, in der Gesellschaft werden religiöse und gesellschaftliche Traditionen hochgehalten. Nach den Maßstäben des Bruttosozialprodukts ist ein Bewohner der US-Hauptstadt Washington 96 Mal reicher als ein Einwohner von Bhutan. In Washington haben Kriminalität, Drogen, Alkoholismus, Selbstmord und der Zusammenbruch von Familien epidemisches Ausmaß angenommen. Trotzdem fühlt sich der Westen verpflichtet, Bhutan durch Modernisierung zu ›bereichern‹. Zum Glück erklärte der König von Bhutan, er sei mehr an der Bruttozufriedenheit interessiert als am Bruttosozialprodukt.«

Sir James Goldsmith

wendigkeit, Umwelt und Gesellschaft zu schützen. Anschließend wird mit diesem Erkenntnisgewinn Geld verdient. Präventive Politik wäre in vielen gesellschaftlichen Bereichen wünschenswert – volkswirtschaftlich nützlich ist sie in einem solchen Wirkungszusammenhang nicht.

Ein, zwei weitere, vielleicht noch krassere Beispiele: Allein die durch Fehlernährung und Bewegungsmangel ruinierte Volksgesundheit beschert der Pharmaindustrie trotz Preisdruck und Wettbewerb einen beständig wachsenden Markt mit stabilen Steigerungsraten um vier Prozent – bei abnehmenden Bevölkerungszahlen! Und die Sicherheitsbranche profitiert vom sprunghaft gestiegenen Sicherheitsbedürfnis der Bevölkerung, das durch permanente Warnungen vor Terror und Gewalt schon neurotische Züge annimmt, mit einer Vervierfachung der Dienstleistungsaufwendungen für Objekt- und Personenschutz allein zwischen den Jahren 2000 und 2005 – obwohl die Gefahr, bei einem Terrorakt zu sterben, 40 000 Mal geringer ist, als vom Blitz getroffen zu werden! Eher ersticken wir an einem Gummibärchen, als dass wir einem Al-Quaida-Anschlag zum Opfer fallen, und trotzdem gibt es ein Dutzend Anti-Terror-, aber nicht ein Anti-Gummibärchen-Gesetz.

Die Defizite der eben nicht reibungslos funktionierenden Gesellschaft sind also volkswirtschaftlich wertvoll; in der Medizin genauso wie beispielsweise im Justizwesen, in dem 150 000 Rechtsanwälte in Deutschland ohne Streit zwangsläufig arbeitslos würden.

Ein wachsender Teil des Bruttosozialprodukts der westlichen Industrieländer setzt also mittlerweile die Probleme des anderen Bevölkerungsteils voraus (was das BSP als Wohlstandsindikator entscheidend entwertet). Und obwohl – oder gerade weil – immer mehr Einkommensbezieher von der professionellen Problembekämpfung leben, nimmt das Volumen der Probleme nicht ab. Das Gegenteil ist offenkundig der Fall. Alle Indikatoren für die körperliche, geistige und seelische Verfassung unserer Gesellschaft weisen negative Tendenzen auf.

Länder mit steigendem BSP werden gleichwohl immer noch als wirtschaftliches und kulturelles Modell verstanden.

Aufgeklärte westliche Nationen und Kulturen empfinden es gewissermaßen als Verpflichtung oder Auftrag, andere Kulturen zu lehren, wie eine »erfolgreiche« Volkswirtschaft und ein funktionierendes – problemorientiertes – Staatswesen aufgebaut sind.

Das BSP aber ist, ganz in der Tradition des cartesianischen Denkens, nur ein quantitatives Maß, kein qualitatives, und die bereits erwähnte Paradoxie schreitet fort. Ein Landwirt, der eine Vielzahl von Nahrungsmitteln für seine Familie anpflanzt, kann seine Produktion nicht dem BSP hinzurechnen, weil er sie nicht verkauft. Stellt er allerdings auf Monokultur mit all den langfristigen bekannten Konsequenzen um, dann werden sowohl seine Ernte wie auch seine selbst verbrauchten und zugekauften Lebensmittel dem BSP zugerechnet, und er wird im Subventionssystem der Europäischen Gemeinschaft für effizientes »Wirtschaften« belohnt. Nicht für eine gesunde und natürliche, abwechslungsreiche Selbstversorger-Landwirtschaft, sondern für eine klassische Kulturland(wirt)schaft gibt es hohe Anreize.

Nach dem gleichen Schema prämiert der Staat Familien: Wenn Eltern für ihre Kinder selber sorgen und im Rahmen dessen ganz oder teilweise auf eine Berufstätigkeit verzichten, sichern sie zwar den Fortbestand der Gesellschaft samt ihrer Sozialsysteme. Zum Bruttosozialprodukt freilich tragen sie nicht unmittelbar bei. Wenn sie aber ihre gelernten oder studierten Berufe ausüben und gleichzeitig für die Kinder eine Erzieherin einstellen, dann werden beide Tätigkeiten dem BSP zugerechnet und steuerlich belohnt. In dieser eigenwilligen Logik folgerichtig installiert unser Staat gewaltige und meist wenig effiziente Umverteilungssysteme, privilegiert externe Erziehungsmodelle gegenüber der Erziehung durch die eigenen Eltern und wundert sich schlussendlich, wenn eigene Kinder zunehmend eher als Hindernis denn als Selbstverständlichkeit in der eigenen Lebensplanung betrachtet werden.

Weit weniger abstrakt als bei den Berechnungen des BSP zeigen sich die Kosten von schlechter Laune, wenn es um den eigenen Arbeitsplatz geht.

Gerüchte über Fusion und Stellenabbau wie »Wir werden geschluckt!«, »Wir sind verkauft!«, »Wir werden übernommen!« verbreiten sich in Unternehmen so schnell wie ein Lauffeuer. Das Stimmungsbarometer sinkt schlagartig. Schlechte Laune strömt in jeden Raum – und hat sich bald festgesetzt: in den Gesichtern, den Verhaltensweisen, den Herzen und den Augen der Mitarbeiter. Und im Verhalten.

»Ich spürte, wie der Zorn in mir hochstieg. Die gute Stimmung vom Urlaub war wie weggeblasen«, erinnert sich die Angestellte eines Automobilherstellers, bei dem mehrere tausend Stellen abgebaut wurden. Niemand hatte damit gerechnet. Als der Mutterkonzern aus den roten Zahlen war und wieder Gewinn machte, der CEO von steigender Eigenkapitalrendite und dem »Ende der Krise« gesprochen hatte, glaubten sich alle auf der sicheren Seite. Wen es treffen würde, wusste niemand. Die Stimmung war explosiv.

»Solche Stimmungsvernichtungsbomben kosten Geld«, berichten Betriebswirte und Volkswirte gleichermaßen. »Dafür zahlen die Unternehmen, dafür zahlt die Wirtschaft, und zwar jährlich mindestens 100 Milliarden Euro.« Seit 16 Jahren erforschen Wolfgang Stegmann und Winfried Panse von der FH Köln Angst und ihre wirtschaftlichen Folgen. Die Ergebnisse ihrer Langzeitstudien: Die Kosten, die der Wirtschaft durch Angst und schlechte Stimmung in Unternehmen entstehen, haben sich seit 1998 verdoppelt. Schuld daran ist die Arbeitsmarktlage der letzten zehn Jahre: Je unsicherer die Zukunft ist, je undurchsichtiger die Pläne der Personalabteilung, »desto größer ist die Angst unter den Mitarbeitern«, erklärt Stegmann. Die monatelange Unsicherheit zehrt an den Nerven, plötzlich sind Misstrauen und schlechte Laune überall.

Aus mittlerweile 20 000 Interviews haben Stegmann und Panse die zwölf größten Ängste herausgefiltert. An der Spitze liegt die Angst vor Arbeitsplatzverlust. »Ein gewisses Maß an Angst wirkt leistungsfördernd«, sagt Stegmann. »Dauerhafte und nicht abbaubare Angst ist dagegen destruktiv. Sie macht uns krank.«

Die Kölner Wissenschaftler rechnen damit, dass die Leistungsfähigkeit um 20 Prozent sinkt, wenn ein Mensch täglich mit der Angst vor einem Arbeitsplatzverlust an seine Arbeitsstätte geht. Folglich zahlt das Unternehmen bei einem Gehalt von 2000 Euro im Monat mindestens 400 Euro im Monat, also 4800 Euro im Jahr, für Angst und Unsicherheit.

In den Jahren 2002 bis 2005 haben die Banken in Deutschland 58 150 Stellen (minus 7,7 Prozent) gestrichen, die Versicherungen 14 800 Stellen (minus 6,0 Prozent). Weitere Stellenabbauprogramme sind angekündigt.

Es ist leicht hochzurechnen, wie groß der volkswirtschaftliche Schaden kritischer Stimmungen und Launen in diesen Branchen ist. Doch ist auch dies nur ein Aspekt. »Deutschlands Wirtschaftssystem leidet unter einer gravierenden Angst vor Neuem und Unbekanntem – Neophobie!«, schreibt der

Ökonom Horst Siebert im Wirtschaftsteil einer Sonntagszeitung – und liefert einen weiteren Aspekt gleich mit.

Angstsituationen sind per se bedrohlich und unangenehm, insbesondere aber auch am Arbeitsplatz, einem Ort, der mit vielfältigen, oft gemischten Gefühlen verbunden ist. Treffen mehrere Menschen mit Angst am Arbeitsplatz oder um den Arbeitsplatz zusammen, treten untereinander bewusste oder unbewusste Abwehrmechanismen in Kraft, um das eigene Sicherheitsgefühl zu steigern. Eine Strategie, die sich erwiesenermaßen immer weiter ausbreitet, besteht darin, Mitarbeitern aller Hierarchiestufen Angst zu machen, ihnen Fehler unterzuschieben und sie geschickt zu demoralisieren, teilweise sogar gezielt zu schikanieren. Passiert dies systematisch über einen längeren Zeitraum hinweg, und kommen die Persönlichkeit verletzende Elemente hinzu, sprechen Experten von Mobbing.

Stegmann und Panse bezeichnen diese Strategie als »angstprovozierendes Angstabwehrverhalten«. Ihre Langzeitstudie besagt, dass in Deutschland gegenwärtig 1,2 Millionen Beschäftigte im arbeitsrechtlichen Sinne gemobbt werden.

Die psychischen Folgen für die Betroffenen sind enorm. »Die Situation der Ausgrenzung aktiviert das Schmerzzentrum im Gehirn«, erklärt Margit Ricarda-Rolf, Leiterin der Mobbing-Zentrale in Hamburg. Seit 1997 haben sie und ihr Team etwa 11 000 Mobbingfälle betreut und den Opfern Ärzte und Rechtsanwälte zur Seite gestellt.

Gehirnmessungen aus den USA zeigen, dass die durch Mobbing ausgelösten Ängste denen gleichen, die ein Kind empfindet, wenn es von seiner Mutter verlassen wird. Der Mensch fällt durch sein soziales Netz. Ein Gedankenkarussell wird in Gang gesetzt. Alles, so Ricarda-Rolf, drehe sich nur noch um die Situation am Arbeitsplatz: »Spätestens nach einem Vierteljahr sind die Menschen krank.« Das reiche von Schlafstörungen über Angst- und Panikattacken bis hin zu Herz-Kreislauf-Störungen, Nervenzusammenbrüchen und Selbsttötungen.

Dass ein Mensch, der monatelang Schikanen und Erniedrigungen ausgesetzt ist, nicht voll leistungsfähig ist, erklärt sich von selbst. Stegmann und Panse haben den Verlust an produktiver Arbeit beziffert, und zwar je nach Einkommen auf 15 000 bis 50 000 Euro pro Arbeitnehmer.

»Der Wirtschaft entstehen jährlich 18 bis 60 Milliarden Euro Kosten, weil Mobbingopfer nur einen Teil der ihnen sonst möglichen Leistung bringen«, sagt Stegmann. Nicht berechnet wird dabei, dass auch mindestens 1,2 Millionen Mobber Energie und Dienstzeit darauf verwenden, Mitarbeiter zu schikanieren.

Gaby Müller (Name geändert) hat noch heute, zwei Jahre nachdem sie ihren Arbeitsplatz verlassen hat, mit den Folgen zu kämpfen, die die Schikanen ihrer Vorgesetzten bei ihr hinterlassen haben. Sie nimmt Psychopharmaka, hat Angst, aus dem Haus zu gehen, und besucht wöchentlich eine Verhaltenstherapeutin. »Ich bin keine Person, die leicht zusammenklappt, aber wenn einem permanent gesagt wird, dass man stinkt, scheiße aussieht, einem der Kontakt zu Kunden, Mitarbeitern und Lieferanten verboten wird, man überwacht und ausgegrenzt wird – dann ist irgendwann der Punkt erreicht, an dem man nicht mehr kann«, sagt die 40-Jährige.

Seit 1989 hatte sie als Verkäuferin und Kassiererin für eine der großen Handelsketten in Deutschland gearbeitet. Mit dem neuen Filialleiter begannen 2001 die Schwierigkeiten: Mit Wutausbrüchen reagierte er auf Müllers Bitten, bei der Arbeitsplanung Rücksicht auf ihre Kinder zu nehmen.

Mehrere Monate und eine Zwangsversetzung später fand sich Frau Müller unter einer Filialleiterin wieder, die sie beleidigte und erniedrigte, sie von Mitarbeitern und Kunden isolierte, ihr eine Kleiderordnung verpasste und selbst an freien Tagen vorbeikam, um »bei Frau Müller eine Taschenkontrolle« durchzuführen.

Vor zwei Jahren hatte Gaby Müller dann einen Nervenzusammenbruch. Seitdem ist sie krankgeschrieben. Nun klagt sie auf Wiedereinstellung. »Ich will sie zur Rechenschaft ziehen«, sagt Gaby Müller. Auf Hilfe von Kollegen hofft sie nicht: »Die haben zu viel Angst.«

Ein Blick auf die bisherige Rechtsprechung gibt jedoch kaum Hoffnung auf ein heilendes Urteil. »In Hunderten von Fällen, in denen es um Mobbing geht, gibt es bis heute maximal fünf Entscheidungen zugunsten der Mobbingopfer«, sagt Peter Wickler, Richter beim Landesarbeitsgericht (LAG) Thüringen. »In zwei der mir bekannten Fälle wurde rechtskräftig Schmerzensgeld zugesprochen.« Mobbing ist juristisch kein eindeutig umgrenzter Tatbestand, das macht die gerichtliche Aufarbeitung schwierig. Die Beweislast liegt beim Geschädigten. Er muss nachweisen, dass sein Persönlichkeitsrecht und seine Würde verletzt wurden – und zwar systematisch. Oft steht dabei Aussage gegen Aussage, Kollegen sind selten bereit, sich mit den Betroffenen zu solidarisieren.

»Die Richter müssen entscheiden, was Ursache und was Wirkung war. Das ist nicht einfach«, sagt Wickler. Nicht jeder, der das Schlagwort Mobbing benutze, werde wirklich gemobbt. Viele Richter seien da sehr misstrauisch. Wickler sieht dringenden gesetzgeberischen Handlungsbedarf. »Zurzeit haben Mobbingopfer in Deutschland so gut wie keine Aussicht auf Erfolg.«

Doch es sind nicht nur die Folgen der Angst vor Arbeitsplatzverlust und Mobbing, die hohe Kosten verursachen. Nach Untersuchungen und Aussagen etwa aus der Lehrerausbildung sind rund 70 Prozent der Lehrer ob ihrer inneren Struktur nicht für ihren Job geeignet. Leider mangelt es an geeigneten Auswahlverfahren, die zumindest elementare Persönlichkeitsmerkmale der Lehramtsanwärter wie Stressresistenz oder Selbstvertrauen im Hinblick auf die künftigen beruflichen Anforderungen abfragen. In Konsequenz dessen kommt es häufig zu permanenten Überforderungen oder Frustrationen, sodass das »Burn-out-Syndrom« als Sammelbegriff emotionaler Überforderung in dieser Berufsgruppe mit Spitzenwerten diagnostiziert wird.

Das Gefühl, ausgebrannt zu sein, haben aber nicht nur Lehrer. Führungskräfte wie auch Millionen andere Berufstätige, quer durch alle Berufsgruppen und Hierarchien, haben das Problem, keine »Lust«, keine Stimmung für die Leistungsmobilisierung aufzubringen. Meister, Arbeiter oder Manager, sie alle können dem »Burn-out-Syndrom« zum Opfer fallen. »Stressbedingte Gesundheitsstörungen wie psychosomatische Beschwerden oder Depressionen sind in Deutschland die Nummer eins unter den Krankheitsgründen«, sagt Joachim Bauer, Medizinprofessor und Psychotherapeut an der Universitätsklinik Freiburg.

Psychologen zufolge sind Menschen, die an Burn-out erkranken, kaum noch leistungsfähig in ihren Jobs. Volkswirtschaftlich betrachtet sind es vermutlich zweistellige Milliardenbeträge, die hier »verbrannt« werden. Die Betroffenen fühlen sich angestrengt oder »kaputt« und innerlich leer (»emotional exhaustion«). Sie erleben hilflos, dass ihre Arbeitsleistung (»personal accomplishment«) nicht mit ihrem Anspruch übereinstimmt. Nicht selten werden die innere Erschöpfung und die Frustration über einen Zynismus gegenüber der eigenen Arbeit oder den Mitarbeitern oder Kunden (»Depersonalisation«) ausagiert – und die Stimmung in der Abteilung oder im Unternehmen rauscht in den Keller.

Der New Yorker Arzt und Psychotherapeut Herbert Freudenberger definierte erstmals 1974 das »Burn-out-Syndrom« als Krankheit. Lange wurde die Krankheit vorwiegend mit den sozialen Berufen in Zusammenhang gebracht. Vor allem Lehrer, Krankenschwestern oder auch Sozialarbeiter galten als Risikogruppen. »Davon ist man inzwischen abgekommen«, sagt Norbert Karl Semmer, Professor für Arbeitspsychologie an der Universität Bern. Auch im Top-Management seien Menschen vom Burn-out-Syndrom betroffen. Besonders die Anspannung im Beruf und die damit einhergehende Vernachlässigung des Privatlebens sind Hauptursachen der individuellen Überforderung. Führungsfehler und zunehmende Vernachlässigung der zwischenmenschlichen Notwendigkeiten (Stichwort »Soziale Kompetenz«) im Verhalten, in der Sprache und im Anspruch stellen Gesellschaft und Unternehmungen vor schwierige Herausforderungen mit unübersehbaren Folgekosten. Schlechte Laune und Aggressivität wachsen bedrohlich.

Seit Kurzem hat der große Bruder Burn-out eine kleine schlecht gelaunte Schwester bekommen, die aber nicht minder gefährlich ist: das Bore-out-Syndrom. Diese, durch Langeweile, Unterforderung und mangelnde Führungsqualität von Vorgesetzten herbeigerufene schlechte Stimmung nimmt keine Rücksicht auf die berufliche Stellung; sie zieht sich durch sämtliche Hierarchiestufen, lähmt kleine Angestellte genauso wie die Topmanager. Allerdings ist Bore-out vor allem im Dienstleistungssektor auf dem Vormarsch. Im Kern geht es dabei um die Vortäuschung von Arbeit und um die Simulation von Stress, da man nichts zu tun hat, was einen fordert und vor allem – was Spaß macht. Auch hier hat der Betroffene schnell das Gefühl, in einem Teufelskreis festzustecken. Denn haben sich die durch Bore-out verursachten Krankmacher wie schlechte Laune und dadurch verbundener Stress erst einmal lähmend über das Unternehmen und seine Mitarbeiter gelegt, ist Dienst nach Vorschrift das Ergebnis. Noch schlechtere Stimmung breitet sich aus, und am Ende, zieht man das Gallup-Institut zu Rate, steht die innere Kündigung. Laut Gallup identifizierte sich im Jahr 2005 nicht einmal mehr ein Fünftel aller Arbeitnehmer mit ihrem Arbeitgeber!

Wenn Sie aus diesem Teufelskreis von schlechter Laune und mangelnder Lebensqualität aussteigen wollen, dann lesen Sie die folgende Begriffsdefinition. Sie gibt einen Ausblick darauf, wie Ihr Leben in naher Zukunft aussehen könnte. Wenn Sie lieber nörgeln, legen Sie das Buch jetzt weg. Auch das ist eine klare Entscheidung. Wenn Sie aber weterlesen, haben Sie die Chance, mit guter Laune ihre Lebensqualität zu steigern. Lassen Sie sich überraschen, wie einfach der Weg in die Launologie ist.

Was ist ein Launologe?

Der Launologe hat irgendwann einmal begonnen, Launen und Gemütszustände zu sammeln wie der Mineraloge Steine und der Philatelist Postwertzeichen. Mit Ort, Zeit und Anlass versehen finden sie ihren Platz in seiner Sammlung. Er holt die schönen unter ihnen regelmäßig aus dem Launidor, um sich an ihnen, allein oder mit anderen, zu erfreuen.

Der Launologe ist ein Mensch heiterer Gelassenheit. Er kennt die Höhen und Tiefen des Lebens und begegnet ihnen mit Respekt. Seine Lebensstrategien sind optimistisch und konstruktiv, nicht oberflächlich. Er ist kein Moralist und streitet ungern – wenn, dann allein in der Sache, und ein Schuss Humor ist meist seine stärkste Waffe.

Der Launologe mag Menschen. Er begegnet ihnen aus der Mitte seiner Persönlichkeit heraus, offen und so gut als möglich vorurteilsfrei. Er lebt in eigener Verantwortung und ist fähig, die Grenzen seiner Verantwortung anderen gegenüber abzustecken. Treffen Sie ihn, wird er Ihnen freundlich und interessiert begegnen, Ihre Anschauungen respektieren und Ihnen zuhören.

Der Launologe trifft häufig andere Launologen. Sie tragen dazu kleine, fast unsichtbare Abzeichen, die nur für Launologen zu erkennen sind. Gemeinsam genießen sie das Leben, und nicht selten kreist das N'dolphin, die gesunde Droge der Launologen, deren Geheimnisse und Zusammensetzung nur die Anhänger der Launologie kennen.

Launologen sind auf dem Vormarsch. Nach Jahren der Herrschaft von Missmut und Trübsal machen sie sich auf, die Stimmungshoheit zurückzuerobern. Der schlechten Laune lachen sie dabei freundlich ins Gesicht. Ihre Heiterkeit ist ansteckend und verbreitet sich mit großer Geschwindigkeit.

Freuen Sie sich, wenn Sie einen Launologen treffen. Er wird Sie beeindrucken. Vielleicht überlegen Sie dann, ob das Leben es nicht wert wäre, selbst zu einem zu werden. Es ist gar nicht schwer. Sie müssen sich eigentlich nur entscheiden, einer zu sein.

Wenn es Schwierigkeiten geben sollte, wenden Sie sich an einen Launolytiker Ihrer Wahl. Er ist auf die Ausbildung von Launologen spezialisiert.

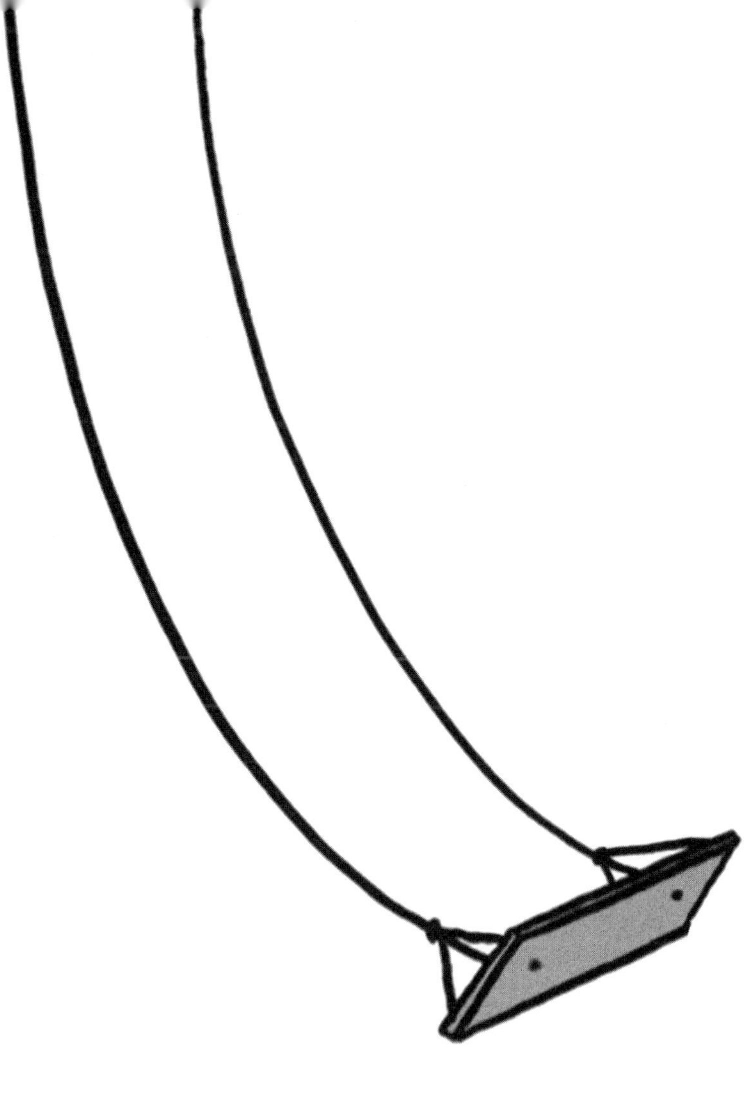

4

Morgen nennt man den Tag,
an dem die meisten
Fastenkuren beginnen.

GUSTAV KNUTH

Test: Die kleine Launolyse

LAUNOLYSE	**immer**	**häufig**	**selten**	**nie**
Wenn ich morgens wach werde, habe ich bereits schlechte Laune!				
Wegen meiner schlechten Laune werde ich öfter von Freunden angesprochen.				
Einige Menschen um mich herum ziehen sich zurück, wenn ich auftauche.				
Ich werde von manchen Menschen als »Miesepeter« bezeichnet.				
Wenn mein Chef mich ungerecht behandelt, dann sinkt meine Laune auf den Nullpunkt.				
Wenn ich meine Ziele nicht verwirklichen kann, könnte ich aus der Haut fahren.				
Zwischensumme				

LAUNOLYSE	**immer**	**häufig**	**selten**	**nie**
Übertrag				
Ich bin häufig von Menschen mit schlechter Laune umgeben.				
Vor Ärger und Wut kann ich oft nichts essen oder ich stopfe alles, was ich kriegen kann, in mich hinein.				
Ich nehme regelmäßig »Stimmungsaufheller« (Tabletten, Alkohol oder Drogen).				
Obwohl die Sonne scheint, könnte ich mir an vielen Tagen die Decke über den Kopf ziehen.				
Spaltensumme				
Multiplikation	x 4	x 3	x 2	x 1
Endergebnis				

Geben Sie sich für jede Aussage einen Punkt, je nachdem, ob sie häufig, selten oder nie auf Sie zutrifft. Bilden Sie die einzelnen Spaltensummen und multiplizieren Sie sie mit den angegebenen Zahlen. Addieren Sie nun die einzelnen Spaltenergebnisse zu Ihrem Launolyse-Wert.

Mein Launolyse-Wert ist:

Auswertung

Weniger als 10 Punkte: Sie haben vielleicht immer gute Laune – aber mit dem Rechnen hapert's!

10–18 Punkte: Glückwunsch! Ihr Launolyse-Wert ist sehr niedrig und Ihr »Launen-Selbstmanagement« sehr effektiv. Leben Sie weiterhin diese Lebenshaltung und nach dem Motto »use it – or lose it« haben Sie gute Chancen, als Launologe die Revolution der guten Laune aktiv zu unterstützen.

19–26 Punkte: Auch Ihr »Launen-Management« klappt – meist. Sie können sich alleine in eine gute und konstruktive Stimmung hineinmanövrieren. Unterschätzen Sie aber nicht die Kraft der Negaholiker. Sie vermehren sich rasant und lauern überall, um Sie negativ zu beeinflussen.

27–34 Punkte: Sie haben Schwierigkeiten, in einer heiteren Haltung dem Leben zu begegnen. Lernen Sie eine Methode der Selbstkontrolle wie Autogenes Training oder Meditation. Lassen Sie sich dabei durch gelegentliche Rückschläge nicht ausbremsen. Die gehören dazu.

35–40 Punkte: Ihre Stimmungssituation ist wenig erbaulich. Vermutlich haben Sie aber Schwierigkeiten, aus ihr allein herauszufinden. Scheuen Sie sich nicht, Experten der Lebenskunst (Psychologen/Psychiater oder ausgebildete Launolytiker) zu befragen. Sie haben unterschiedliche Werkzeuge, um Ihnen wieder auf die Spur zu helfen. Bedenken Sie: Manchmal muss man erst vom Weg abkommen, um nicht auf der Strecke zu bleiben.

TEIL 2

Legen Sie los – Gute Laune für Anfänger

1

155 kg

DURCHSCHNITTLICHE MENGE VON INDUSTRIEZUCKER, DIE EIN 12-JÄHRIGER IN DEN USA IM JAHR ZU SICH NIMMT

Lassen Sie sich die Laune nicht verderben!

Alltag – vorher ...

Montagmorgen. Sie stehen um sechs Uhr auf. Sie haben schlecht geschlafen, wegen der zwei Gläser Rotwein und dem Kassler mit Sauerkraut gestern Abend, aber auch, weil Sie Sorgen haben: Die Finanzierung für Ihre Eigentumswohnung läuft aus und die Zinsen steigen. Außerdem jagt eine Reparatur an Ihrem Auto die nächste. Auf dem Konto sieht es finster aus. Eigentlich müssten Sie deshalb den Urlaub absagen, trauen sich aber nicht, weil Sie fürchten, Ihr Partner hätte dafür kein Verständnis. Deshalb haben Sie wach gelegen, mehr als eine Stunde, und gegrübelt, ohne eine Lösung zu finden.

Sie quälen sich aus dem Bett. Sie duschen und schauen bei der Morgentoilette in ein etwas fahles, müdes Gesicht. Zwei Tassen Kaffee mit zwei dicken Löffeln Zucker bringen Sie so eben auf die Beine. Auf ein Frühstück verzichten Sie, weil die Zeit knapp wird. Sie steigen in den Wagen und fahren zur Arbeit.

Auf der Autobahn ist Stau. Sie fluchen innerlich, weil Sie zu spät kommen werden und Ihr Chef gerade montags immer früh bei Ihnen hereinschaut. Etwas hektisch suchen Sie im Radio eine Ablenkung, wechseln mehrfach die

Fahrspur und geraten prompt mit einem dieser Montagmorgen-Oberlehrer aneinander, der sich über Ihren Fahrstil mokiert.

Im Büro angekommen stapeln sich auf Ihrem Schreibtisch die Unterlagen. Die Kollegin am Schreibtisch gegenüber hat sich mit ihrem Leberwurstbrot breit und bereit gemacht und lamentiert über den Trottel, der am Freitag die Kaffeemaschine nicht ausgestellt hat. Alles in die Kanne eingebrannt. Die Putzfrau hat natürlich auch nichts gemerkt. Die Kollegin stöhnt gequält. Sie stöhnen auch. Sie hangeln sich durch den Vormittag und trösten sich mittags in der Kantine mit einem Gyros-Teller und einer Cola Light.

Am Nachmittag gibt es dann einen kapitalen Systemfehler. Die Arbeit von zwei Stunden verschwindet im EDV-Nirwana. Ihr Chef tobt, als seien Sie persönlich dafür verantwortlich. Sie ereifern sich beim IT-Service am Telefon und fluchen dann noch eine Stunde mit den Kollegen über die Idiotie der EDV, ehe Sie Feierabend machen. Sie sind müde.

Zu Hause angekommen fallen die Kinder über Sie her. Die beiden jüngsten streiten darum, wer Ihnen zuerst seine Knetfiguren zeigen darf. Der Älteste beichtet eine Fünf in Englisch und versucht, Sie zum x-ten Mal von den Vorzügen des Mofafahrens zu überzeugen. Sie stöhnen und gönnen sich zwei Bier und den Rest der Nudeln vom Mittagessen. Ihr Partner ist müde und ein wenig einsilbig. Sie schauen noch zwei Stunden fern und gehen dann erschlagen ins Bett, müde hoffend, die Nacht möge Erbarmen mit Ihnen haben …

Ein ganz normaler Tag, der unsere Laune im unteren Bereich des Stimmungsbarometers hält. Doch die Gründe dafür liegen nicht allein in Ihren bewußten Entscheidungen begründet – Sie folgen schlicht und ergreifend einem uralten, seit Generationen übermittelten Muster, mit dem die Tretmühle systematisch aufrechterhalten wird.

In der westlichen, vor allem in unserer modernen westlichen Kultur hat die gedankliche Aufteilung des Menschen in

Körper, Geist und Seele Tradition. Sie ist ein zentraler Baustein unseres kulturellen Erbes, lebendiger Teil unseres kulturellen Überbaus, und sie prägt unser Handeln, Denken und Empfinden in zahlreichen Lebens- und Gesellschaftsfeldern bis heute, insbesondere in der Wissenschaft. Reden wir vom Geist, ist der Körper weit entfernt, und wissenschaftliche Erkenntnisse, die Wechselwirkungen zwischen Körper, Geist und Seelenleben belegen, werden nach wie vor mit einigem Erstaunen aufgenommen. »Heilkraft der Bewegung« titelte der *Spiegel* Anfang 2006 und berichtete von den Erfolgen des Sports etwa im Kampf gegen die Depression, als sei es nach wie vor erstaunlich, dass unsere körperliche Aktivität unser Befinden tatsächlich beeinflussen kann.

Mit dieser Unterscheidung einher geht eine differenzierte Bewertung von Körper, Geist und Seele: Der Geist, das Denken, gilt seit der Aufklärung als vornehmste Eigenschaft des Menschen und – ungeachtet aller unbestreitbaren Gemeinsamkeiten des Homo sapiens mit höheren Säugetieren – als das wichtigste Differenzierungsmerkmal zum Tierreich. Er sei es, der sich, so schrieb einst Friedrich Schiller, »den Körper baut«, und die Losung von *mens sana in corpore sano*, dem gesunden Geist, der sich den Körper gleichfalls fit erhält, steht stellvertretend für das Verhältnis beider zueinander.

Die Seele, der zweite Baustein, gilt als transzendent und unsterblich. Sie trägt unsere Individualität und unser Leben. Sterben wir, führt sie uns, jedenfalls in allen hiesigen Weltanschauungen und Religionen, in paradiesische Gefilde, vorausgesetzt natürlich, der Teufel hat nicht noch ein Wörtchen mitzureden. Den Körper lässt sie zurück, wie eine Last, die endlich abgeworfen wird. Unsere Seele steht für unsere Gefühle, für das innere Empfinden, für Wünsche, Träume, Liebe. »Seelenlos« gilt uns als Schimpfwort.

Der Körper, Dritter im Bunde, führt dagegen schon ein kümmerliches Dasein. Ist der Geist stets willig, gilt uns »das Fleisch« als schwach. Als vergängliche, sterbliche Hülle, die uns zu allem Übel auch noch mit Fleischeslust verführt. Beide – Hülle wie auch Lust – sollen, ja müssen überwunden werden, soll nicht die Seele doch noch dem *Leib*haftigen zum Opfer fallen.

Wenig verwunderlich hat die Überwindung, Missachtung und die Züchtigung unserer Physis so eine facettenreiche Geschichte. Sie reicht von frühsten Formen der Askese und den Finessen der mittelalterlichen Geißelung über das Bodybuilding bis hin zur Atkinson- und Kohlsuppendiät, ja sogar bis hin zu Fernsehserien, in denen Dicke oder Dünne wahlweise Hamburger- oder Heuschrecken-Wettessen veranstalten (wobei die Heuschrecken ernährungsphysiologisch ohne Zweifel die bessere Wahl sind), und man fühlt sich erinnert an den mittelalterlichen Zirkus, in dem die Zwerge und die Riesen mit den Dicken und den Dünnen das Kuriositätenkabinett anführten. Nur leider ist die Quote der Dicken und der (krankhaft) Dünnen mittlerweile dazu angetan, uns dazu zu verführen, die normal Gebauten als Kuriosität zu betrachten. Ein gesunder Umgang mit unserem Körper ist für die Mehrzahl der Europäer heute fast unmöglich. Nach den USA ist die Bevölkerung Zentraleuropas die zweitfetteste der Welt. Unangefochten ist sie dazu Weltmeister der Unsportlichkeit und der Magersucht: Nirgendwo auf der Welt bewegen sich die Menschen weniger als in Deutschland und Italien, nirgendwo auf der Welt ist das Verhältnis zum eigenen Körper krankhafter und – ganz nebenbei – der Drogen- und Medikamentenkonsum höher. Ist es da erstaunlich, dass Deutschland, Frankreich und Italien im weltweiten Ranking der Glückseligkeit weit abgeschlagen im Mittelfeld liegen?

Interdisziplinäre Forschung in der Biologie, der Medizin und der Psychologie hat in den letzten ein, zwei Jahrzehnten dazu beigetragen, die Grenzen zwischen diesen drei Teilen des Gesamtsystems Mensch ein wenig durchlässiger zu gestalten. Sie hat auch geholfen, zunehmend auf eine Lebensbalance zu schauen, die nur mit einem Ein- und Gleichklang aller drei Aspekte unserer Existenz – Körper, Geist und Seele – zu erreichen ist. Doch bis zu umfassenden integrierten Ansätzen und Methoden ist es in der Medizin und in der Psychologie noch ein weiter Weg. Noch immer ist die Selbstverständlichkeit, mit der in der asiatischen Welt Körper, Geist und Seele als Einheit gesehen werden, unserem Denken weit entfernt. Unser ungebremster Drang zur fortschreitenden Spezialisierung macht natürlich auch in der Medizin manchen Sieg im Ringen um einen ganzheitlichen Blick auf den Menschen schnell wieder zunichte.

All das verdirbt uns nachhaltig die Laune. Doch wenn es darum geht, schlechte Laune, Niedergeschlagenheit, Reizbarkeit, Aggression oder Missmut auf einfache Ursachen zurückzuführen, sind wir schnell bereit, so komplexe Begriffe wie Charakter, Wesen, Erziehung oder – schon seit Platon generationenübergreifend ein gern genannter Umstand – »Umgang« als Gründe und Erklärung unserer Zustände zu betrachten. Statt auf unser Schlaf- und Ernährungsverhalten, unsere diesbezüglichen Gewohnheiten und somit zuvorderst auf uns und unsere Art, mit uns umzugehen, konzentrieren wir uns bei der Ursachenforschung unserer Launen weit eher auf unsere Umwelt.

Nach einem Bericht der Britischen Medical Assosiation, der im Sommer 2006 im Fachblatt »Thorax« veröffentlicht wurde, gilt: Bösartigkeit ist gesundheitsschädigend.

Im Jahr 1986 hatten Forscher der Harvard School of Public Health 670 Männer mit einem Durchschnittsalter von 62 Jahren nach der so genannten Cook-Medley-Methode auf ihre feindselige Einstellung gegen ihre Umwelt untersucht. Parallel dazu maßen sie die Leistungsfähigkeit der Lungen der Testkandidaten. Beide Tests wurden über acht Jahre lang mehrfach wiederholt.

Das Ergebnis der Testreihen war – auch nach der Eliminierung von besonderen Einflüssen wie dem Rauchen oder Sport – eindeutig: Bei Versuchsteilnehmern, die über Jahre hinweg immer feindseliger wurden, verlief der alterungsbedingte Rückgang der Lungenkapazität schneller als bei jenen, die ihr Verhalten und ihre Einstellung gegenüber der Umwelt verbesserten oder zumindest unverändert ließen. Damit, so die begründete Vermutung der Forscher, steigt hormonell bedingt das Risiko von Lungenerkrankungen. Aber auch Herzkrankheiten, Asthma und Bluthochdruck bringen Mediziner mit Gefühlen der Feindseligkeit in Verbindung.

Doch es geht auch anders. Heiterkeit braucht nicht viele Bausteine – es reichen erholsamer Schlaf, gute Ernährung und ausreichend Bewegung. Dies sind die wesentlichen Faktoren, die Sie gut gelaunt durchs Leben bringen. Und Sie werden staunen, wie eng verknüpft diese Komponenten miteinander sind.

2

Eine Angewohnheit kann man nicht aus dem Fenster werfen. Man muss sie die Treppe hinunterboxen, Stufe für Stufe.

MARK TWAIN

Warum gute Laune doch so schnell verfliegt

Nach Professor Franz Halberg, Chronobiologe von der US-Universität Minnesota in Minneapolis, ist der Mensch »eine Uhr«. Der Österreicher ist davon überzeugt, dass jeder Mensch einem biologischen Stunden-, Tages- und Jahresrhythmus unterliegt, der ihn mit unterschiedlichen Energieleveln ausstattet und der dementsprechend unterschiedlich genutzt werden sollte.

Für Halberg haben auch Krankheiten ihren eigenen Rhythmus: Asthmaanfälle häufen sich in der Nacht, Herzinfarkte überwiegen zwischen zehn und zwölf, Hirninfarkte bevorzugen die Zeit um drei Uhr nachts und Verkehrsunfälle ereignen sich zwischen drei und vier Uhr morgens mit sechzehnfacher Häufigkeit – selbst wenn die meisten Unfallfahrer zuvor acht Stunden geschlafen hatten!

Unser biologischer Rhythmus ist dabei keinen starren Regeln unterworfen, es gibt sogenannte Morgen- und Abendtypen. Doch auch bei Extremtypen beträgt die Abweichung nur bis zu 20 Prozent, daher lassen sich durchaus allgemeingültige Schlüsse aus der Chronobiologie ziehen.

Day by day ...

07 Uhr	Unser Hormongipfel startet
08 Uhr	... Hormongipfel noch immer
09 Uhr	immer noch Hormone – weniger Schmerzen
09 Uhr	Ideal für Problemlösungen, analytischer Verstand in Hochform.
10 Uhr	Topfit & hellwach, Kopf in Bestform
11 Uhr	Der Höhepunkt des Tages ...
12 Uhr	... ist überschritten
13 Uhr	Zeit für eine Pause!
14 Uhr	Zeit für eine Pause!
15 Uhr	Neuer geistiger Aufschwung, die Lernphase
16 Uhr	... geistiger Aufschwung, die Lernphase!
17 Uhr	Das zweite Hoch, Geruch & Geschmack am schärfsten
18 Uhr	Zeit für Ruhe und Erholung
19 Uhr	Zeit für Ruhe und Erholung
20 Uhr	Entspannungszeit, beste Reaktionszeit am Steuer!
21 Uhr	Der Magen geht zur Ruh' ...
23 Uhr	Zeit, um ins Bett zu gehen. Andererseits ...
23 Uhr	Kreativitäts-Hoch ...
24 Uhr	das Hoch bleibt, künstlerisch wertvoll!
01 Uhr	Die Traumzeit
02 Uhr	Alle Systeme stoppen, nur Leber und Haut auf Hochtouren
03 Uhr	Tiefpunkt & Wendezeit
04 Uhr	Achtung Raucher: Luft wird knapp!
05 Uhr	Nieren auf dem Tiefpunkt
06 Uhr	Herz schlägt wieder schneller, der Organismus startet durch

Halberg entwirft einen chronobiologischen Tagesablauf, der deutlich aufzeigt, dass wir zu unterschiedlichen Zeiten auch unterschiedlich energetisiert sind.

In den Phasen der erhöhten Energie, so der Stimmungsforscher Robert Thayer von der California State University in Long Beach, sind die Menschen überoptimistisch und tendieren zur Überschätzung ihrer Kräfte. In den Phasen mit niedriger Energie neigen die Menschen zu Pessimismus und unterschätzen ihre eigene Kraft. Stimmungen sind vermutlich durch diese Energiezustände mitgesteuert. Für Thayer lassen sich Stimmungen daher als schlichte Kombination und Wechselwirkung zweier elementarer physiologischer Körperzustände beschreiben: Energie/Energiemangel und Spannung/Entspannung.

Auf der Grundlage dieser beiden Dimensionen hat Thayer eine Einteilung entwickelt, die die Einordnung und Erklärung aller Stimmungen ermöglicht. Danach entstehen vier Kategorien von biopsychologischen Befindlichkeiten:

- angespannt-energisch
- angespannt-müde
- entspannt-energisch
- entspannt-müde

Jeder dieser körperlichen Zustände wird von bestimmten, für ihn typischen Empfindungen und Gefühlen begleitet – die ganzheitliche Interpretation dieser Befindlichkeit ergibt das, was wir als Stimmung oder Laune erleben.

Angespannt-energisch: In diesem Zustand fühlen wir uns leistungsfähig und fitt, sind aber angespannt. Durch alltägliche Spannungsauslöser wie Verkehrsstress, schlechte Nachrichten, Termin- oder Leistungsdruck, mögliche Konflikte oder Angst kommt es zu einer deutlich beobachtbaren Anspannung. Herz und Kreislauf laufen auf Hochtouren, das Muskelsystem (besonders in der Schulter- und Nackengegend) ist aktiviert und unser Organismus auf Flucht oder Angriff programmiert. Das geht einher mit Denkblockaden und dem Verlust der Konzentration, die im entspannt-energischen Zustand noch vorhanden ist.

Überfordert mit der enormen Geschwindigkeit von Veränderungen und Taktung des modernen Lebens sind wir eingebunden in einen verplanten Alltag voller Aufgaben und Termine. Normalerweise kommen wir damit ganz gut zurecht, aber unsere Stimmung kippt, wenn unsere Energie nachlässt und unsere Anspannung zunimmt. Wir werden gereizt, nervös und unruhig. Häufig rutschen wir dann in den folgenden Zustand ab:

Angespannt-müde: Wenn die Energiereserven aufgebraucht sind und die Anspannung durch entsprechende Verpflichtungen und Abgabetermine anhält, tritt der ungünstigste aller Stimmungsfälle ein: Wir sind definitiv »schlecht drauf« – nervös, erschöpft, deprimiert, ängstlich und/oder gereizt. Wir fühlen uns klein und hilflos und beginnen zu katastrophieren – wir fokussieren nur noch das Negative. Wir werden unausstehlich, jeder zwischenmenschliche Kontakt strengt uns an und wir machen »dicht«. Die Fähigkeit, nun den »Relaxation-response-Mechanismus« zu aktivieren und uns zielgerichtet zu entspannen, ist nicht selten in Folge mangelnder Übung verloren gegangen. Durch Grübeln und mannigfache Schuldzuweisungen in verschiedene Richtungen steigern wir uns jetzt noch tiefer in eine schlechte Laune hinein.

Entspannt-energisch: Völlig »ausbalanciert«, körperlich fit und ausgeruht, gut gesättigt, ausgeschlafen und entspannt im Hier und Jetzt – aber gleichzeitig voll leistungsbereit. Ein Zustand, den nicht nur der Arbeitgeber schätzt, der aber viel zu selten vorkommt. Wir fühlen uns locker und entspannt und sind zugleich hoch konzentriert: die ideale körperliche und seelische Verfassung, um etwa ein großes Arbeitspensum zu bewältigen oder schwierige Aufgaben zu lösen. Nichts bringt uns aus der Ruhe, und wir spüren Optimismus und Selbstvertrauen – mit anderen Worten: Wir sind gut gelaunt und »in Stimmung«. Leistungssportler und meditierende Mönche sind mit diesem Zustand bestens vertraut – sie streben diese Kombination von Gelassenheit und maximaler körperlicher Leistungsfähigkeit systematisch an und haben zu diesem Zweck besondere Übungstechniken wie Yoga oder Autogenes Training entwickelt.

Entspannt-müde: Am Ende eines langen, anstrengenden Arbeitstages oder nach einer Phase gelungener Leistung, wenn unser Energielevel gesunken und die Leistungsbereitschaft verbraucht ist, setzt die entspannte und wohltuende Müdigkeit ein. Wir sind erschöpft und schläfrig, aber dennoch entspannt und ruhig, und genießen den wohlverdienten Feierabend oder die Phase des Nichtstuns. Keine inneren Antreiber machen unsere Relaxation-Phase kaputt. Wir fühlen uns gut. Wenn der »Entspannt-müde«-Zustand genossen werden kann, dann regenerieren wir auf hohem Niveau und unsere Stimmung bleibt im angenehmen Bereich. Wenn der »Angespannt-müde«-Zustand andauert, mündet er hingegen nicht selten in einer depressiven Verstimmung. Die totale körperliche und mentale Erschöpfung und vor allem die »Ich-bin-überfordert-Gedanken!« sind das Einfallstor für weitere negative Bewertungen der Ist-Situation, wie wir sie bei depressiven Menschen beobachten können: Gegenwart und Zukunft sind schwarz und unerträglich.

Diese Wechselwirkung von Energie und Spannung erklärt uns, warum ein aushaltbares Anfangsmaß an Stress zunächst unsere Anspannung erhöht und gleichzeitig den Energielevel nach oben in den Zustand »entspannt-energisch« zieht. Jeder erfolgreiche Opernsänger berichtet von der eher unangenehmen Anfangsspannung, die ihm aber nach kurzer Einwirkungszeit zu wahren Höhenflügen und großer Anerkennung verhilft. Von Müdigkeit ist dann nichts mehr zu spüren. Anders, wenn die Anspannung zu groß wird. Dann lässt unsere Leistungsfähigkeit rapide nach, wir werden »angespannt-müde« und fallen in ein tiefes Stimmungsloch.

Die beiden Stellgrößen Energie und Spannung wirken sehr eng zusammen und beeinflussen unsere Launen mehr, als uns lieb ist. Bis zu einem gewissen Punkt mobilisiert Anspannung die Energiereserven, aber jenseits dieses Punktes fällt die Energie auch wieder deutlich und schnell ab. Der erwähnte unangenehme »Angespannt-müde«-Zustand tritt ein. Thayer beschreibt diese Zustände totaler Erschöpfung folgendermaßen:

Ein besonderer, paradox anmutender Zustand tritt ein, wenn wir völlig erschöpft sind – wenn also ›Angespannt-müde‹ ein Maximum erreicht hat: Nun verschwindet auch die Spannung völlig, und wir befinden uns in einer seltsamen, fast euphorischen Stimmung. Wir sind aber nicht ›entspannt‹, sondern eher zombiehaft-gleichgültig, wir haben eine Bewusstseinszone erreicht, wie sie etwa auch nach längerem Schlafmangel oder nach schwerer körperlicher Erschöpfung eintritt. Dieser – gar nicht mal als unangenehm empfundene – Zustand gleicht eher einer Trance, er signalisiert ein dringendes Erholungsbedürfnis und mündet tatsächlich häufig in tiefem Schlaf.«

Launen sind also – auch – ein Spiegelbild unseres körperlichen Zustandes und der daraus resultierenden psychischen Befindlichkeit. Wenn wir genügend Kraft und Energie erleben und gleichzeitig entspannt sind, dann steigt unsere gute Laune. Am anderen Ende der Skala werden wir ärgerlich und »sauer«, weil unsere Körperspannung deutlich nachlässt und die innere Spannung ansteigt. Aber auch umgekehrt wird ein Schuh daraus. So können beispielsweise positive Erinnerungen oder plötzliche angenehme Überraschungen wie der spontane Blumenstrauß oder ein nicht erwartetes Lob eine Steigerung der Energiemobilisierung und damit unserer guten Laune bewirken.

Auch der Einfluss der Gedanken auf Anspannung und Entspannung darf nicht unterschätzt werden. Der Körper reagiert automatisch auf tatsächliche oder – im Gegensatz zur Tierwelt – auf eingebildete Bedrohungen mit Angriffs- oder Verteidigungsreaktionen – und damit in jedem Fall durch Spannung. Die Art und Weise der Bewertung einer Situation bestimmt die Dramatik der Anspannung oder Entspannung. Rein theoretisch betrachtet liegt es also in unserer Hand (besser: in unserem Kopf), ob wir Spannung oder Entspannung als stimmungsauslösende Ursache produzieren oder nicht.

Leider sind unsere Gedanken aber evolutionär zustandsabhängig, das heißt sehr eng an eine bestimmte körperliche Verfassung gekoppelt. Vermutlich haben wir sehr früh gelernt, in bestimmten Stimmungen auch die entsprechenden Gedanken zu erzeugen. Fühlen wir uns körperlich schlapp und ausgelaugt, erzeugen wir auch entsprechende negative Gedanken. Das macht es schwer, die in vielen Ratgeberbüchern vorgestellten »positiven Denkstrategien« anzuwenden, um uns selbst aus dem »Tal der Tränen« herauszuholen.

Die meisten Menschen entwickeln im Lauf ihres Lebens zahlreiche Mechanismen, um gute Stimmungen in sich zu erzeugen. Viele unserer automatischen Verhaltensweisen sind dann nichts anderes als der einmal mehr und einmal weniger erfolgreiche Versuch, die eigene Laune zu beeinflussen und auf einem möglichst hohen »Gute-Laune-Level« zu halten.

Die meisten dieser Stimmungsregulierungen laufen unbewusst ab: Wir gehen aus Gewohnheit nach dem Essen spazieren oder trinken einen »Aufheller« (getreu dem Motto Wilhelm Buschs: *»Es ist ein Brauch von Alters her, wer Sorgen hat, hat auch Likör«*). Wir denken nicht darüber nach, wann und aus welchem Grund oder Anlass wir eine Zigarette anzünden, eine Mozartkugel naschen oder in die Nachbarabteilung pilgern, um einen stimmungserhellenden Plausch zu halten. Oft können wir tatsächlich mit solchen Gewohnheiten – zumeist aber nur kurzfristig – den Sturz in ein Stimmungstief zeitweilig verhindern.

Einige dieser Stimmungsregulierungen sind effektiver als andere. Und manche sind kurzfristig sogar äußerst wirksam – etwa der Energieschub, den eine Tasse Kaffee verschaffen kann oder das Stück Schokolade oder Traubenzucker als Energiespritze. In der Gesamtbetrachtung sind solche Wege aber gesundheitlich ausgesprochen bedenklich. Nicht selten muss die Dosis der Stimmungsmacher nach und nach erhöht werden. Daraus resultieren Durchblutungsstörungen, Übergewicht und ein negativer Wirkungskreislauf mit genau dem Resultat, dem man eigentlich vorbeugen wollte – schlechter Stimmung.

Erfolgreiches Stimmungsmanagement heißt also, die langfristig eher schädlichen – aber angewöhnten – Strategien durch vernünftigere, mindestens ebenso wirksame zu ersetzen. Nach Thayer ist eine unabdingbare Voraussetzung für den ersten Schritt in eine dauerhafte Stimmungsaufhellung eine genaue Selbstbeobachtung, um die Komplexität unserer Stimmungen im täglichen Überlebenskampf zu erfassen und Wechselwirkungen zu verstehen. Wir sollten ein Bewusstsein dafür entwickeln, welche körperlichen und psychischen Zyklen von Energie(abfall) und Spannung uns zu welchen Surrogaten greifen lassen.

Australische und amerikanische Psychologen haben in den letzten zehn Jahren in mehreren großen Studien Tausende von Menschen befragt, was sie tun, um schlechter Laune gegenzusteuern und depressiven Stimmungen zu entkommen. Die erstaunliche Vielfalt der Antworten gruppierte Robert Thayer in sechs Kategorien:

1. Aktives Stimmungsmanagement: Darunter fallen bewusste und gezielte Entspannungstechniken, die auf Spannungsabbau und/oder Energiezuwachs abzielen: Meditation, Visuali-

sierungen, Massage, Atmungstechniken, körperliche Bewegung, Stressmanagement-Techniken und kognitive Strategien (das Problem gründlich analysieren, Pläne und Listen machen etc.).

2. Strategien, die vor allem in Ablenkung bestehen, vorzugsweise durch angenehme Aktivitäten: Musik hören, in eine angenehme oder ablenkende Umgebung wechseln, ein heißes Bad nehmen, die Witzseite einer Zeitschrift lesen. Aber auch weniger angenehme Aktivitäten verschaffen oft die erwünschte Ablenkung: Hausarbeit, Geschirrspülen, das Zimmer aufräumen.

3. Passives Stimmungsmanagement besteht vorwiegend in solchen leicht verfügbaren Ablenkungen wie Fernsehen, Essen, Einkaufen, Ins-Kino-Gehen, Ausruhen, Schlafen.

4. Soziale Unterstützung, emotionale Erleichterung und (Selbst-) Belohnung: einen Freund, eine Freundin anrufen, um sich seine Anspannung von der Seele zu reden; aktiv die Unterstützung anderer suchen, Frustrationen ausdrücken, sich aufmuntern und verwöhnen lassen.

5. Strategien, die auf Rückzug und Vermeidung basieren: Den Personen oder Anlässen von Anspannung und Stress aus dem Wege gehen, sich zurückziehen, alleine sein, sich eine Auszeit gönnen, die »Decke über den Kopf ziehen«.

6. Strategien, die auf direkte Spannungsreduzierung abzielen: Selbstmedikation durch psychoaktive Drogen (Stimmungsaufheller, Angstlöser), Alkohol, Sex.

All diesen Strategien ist gemeinsam, dass sie helfen sollen, den »Angespannt-müde«-Zustand abzuwehren oder zu überwinden. Sie unterscheiden sich jedoch in ihrer Effektivität – und in ihrer Bekömmlichkeit.

Nur eine genaue systematisierte Beobachtung kann uns Aufschluss über die individuellen Präferenzen und Ausprägungen liefern. Eine unabdingbare Voraussetzung für effektives Stimmungsmanagement!

3

8 000 000 000

JÄHRLICHE AUSGABEN DER DEUTSCHEN
FÜR PSYCHOPHARMAKA IN EURO

Das 4-Punkte-Programm für richtig gute Laune

Sinn und Zweck des Schlafs sind Gegenstand unterschiedlicher Erklärungsmodelle. Überzeugend sind, nach heutigem Forschungsstand, jene Hypothesen, die dem Schlaf regenerative Funktionen für alle höheren Lebewesen zuweisen. Körper, Geist und Seele durchlaufen demnach im Schlaf verschiedene Stadien, die darauf gerichtet sind, Ereignisse und Erlebnisse des Tages zu bewältigen und abzuschließen.

Untersuchungen zeigen deutlich die negativen Folgen von Schlafstörungen und Schlaferkrankungen auf Physis und Psyche. Schon nach 24 Stunden Schlafentzug sind wir deutlich aggressiver als üblich. Unsere körperliche und geistige Leistungsfähigkeit sinkt rapide, schlechte Laune, hohe Reizbarkeit und Spannungszustände sind zwangsläufig. Nach 36 Stunden der Schlaflosigkeit leiden wir unter Wahrnehmungsstörungen, nach 48 Stunden drohen uns Wahnvorstellungen und starke Krämpfe. Nach 72 Stunden lallen wir wie Betrunkene, unfähig, unsere Bewegungen noch zielgerichtet zu koordinieren und einen klaren Gedanken zu fassen. Nach zwei Wochen dauerhaftem Schlafentzug sterben wir, übrigens seit einer Woche schon unwiderruflich dem Wahnsinn verfallen.

Massive, dauerhafte Schlafstörungen sind krankhaft und müssen auch als solche behandelt werden. Etwa jeder Zehnte in Deutschland leidet unter ihnen (wobei Übergewicht nach neueren Untersuchungen eine der häufigsten Ursachen ist). Hier leisten zahlreiche Schlaflabore in Deutschland mittlerweile hervorragende Hilfe. Weit häufiger aber sind niederschwellige Störungen, von denen nach jüngeren Untersuchungen jeder zweite Deutsche in unregelmäßigen Abständen betroffen ist. Sie können unseren inneren Zustand und unsere Laune nachhaltig negativ beeinflussen, ohne dass uns dies als Ursache bewusst wird.

Punkt 1: Schlaf

Gesunder Schlaf beginnt, indem die zentralen Steuergrößen unseres Nervensystems, Thalamus und Hypothalamus, über die Ausschüttung bestimmter Botenstoffe (Neurotransmitter) unser Gehirn und nacheinander unsere wesentlichen Lebensfunktionen (Atmung, Kreislauf) auf ein niedriges Niveau herunterfahren. Es ist, als nähme man beim Autofahren den Gang heraus, sodass nur noch ein Leerlaufbetrieb möglich ist. Verschiedene, in ihrer Produktion teils tageslichtabhängige Hormone wie das Melatonin unterstützen diesen Prozess und wirken einschläfernd. Die Muskulatur entspannt sich, das Gehirn schaltet auf streng koordinierte Schlafzyklen um, die Seele (Psyche) bereitet Ereignisse des Tages, Gedanken und Empfindungen für Traumphasen auf. Wir schlafen ein.

Die *Kalibrations-Hypothese* geht davon aus, dass der Arbeitsrhythmus unserer Körpersysteme in den Wachphasen gestört und verändert wird. Ihr zufolge justiert der Schlaf diese Systeme wieder auf den ihnen eigenen, »richtigen« Rhythmus.
Die *Psychische Hypothese* sieht die wesentliche Funktion des Schlafs vor allem in der Sortierung unserer Gefühls- und Gedankenwelt. Träume sollen uns helfen, unsere positiven und negativen Erlebnisse und Erfahrungen zu verarbeiten und in unsere innere Welt einzuordnen.
Die *Regenerative Hypothese* besagt, dass Schlaf der Regeneration unserer Organe und Körpersysteme dient. Diese funktionieren nach einer Ruhepause regelmäßig besser als zum Ende einer Wachphase.

Der Körper beginnt nun mit einer Inspektion der wichtigsten Körperfunktionen. Herz, Lunge, Leber, Nieren und Verdauungsorgane werden bei absinkenden Stoffwechselprozessen nacheinander gedrosselt und haben so die Möglichkeit zur Regeneration. Die entspannte Muskulatur kann mechanische Defekte gezielt reparieren. Alle Körperfunktionen verlangsamen sich. Die Haut strafft sich und eine gleichmäßige Durchblutung sorgt für den Abtransport unerwünschter Stoffwechselprodukte und Giftstoffe aus allen Körperregionen. Gleichzeitig beginnt unser Gehirn mit den Aufräumarbeiten unseres Verstandes. Unbrauchbare oder belanglose Eindrücke werden aus den Zwischenspeichern unseres Gedächtnisses gelöscht, wichtige Informationen, Wahrnehmungen und Bilder in die jeweiligen

Hirnareale verschoben. Botenstoffe, die alle Empfindungen, Gefühle und Zustände für Körper, Geist und Seele liefern, werden neu gemischt, ab- oder aufgebaut. In verschiedenen Phasen »arbeiten« wir so bewusste und unbewusste Eindrücke und Empfindungen des Tages ab. Wir sortieren uns neu, ehe andere Botenstoffe die einzelnen Schlafphasen kürzer werden und uns sukzessive aufwachen lassen.

Eine gesunde Schlafdauer ist dabei von mehreren Faktoren abhängig. Zum einen verändert sich der Schlafbedarf mit dem Lebensalter. Er reicht von bis zu 18 Stunden für ein Neugeborenes über neun bis elf Stunden für Pubertierende bis zu sechs bis zehn Stunden im Erwachsenenalter; Ältere schlafen regelmäßig nochmals deutlich weniger. Hinzu kommen individuelle Veranlagungen sowie zusätzlicher Schlafbedarf bei starker körperlicher oder geistiger Beanspruchung. So kann etwa eine Stunde Ausdauersport unser Schlafbedürfnis in der Nacht um bis zu 30 Minuten verlängern. Die durchschnittliche Schlafdauer in Zentraleuropa liegt zurzeit bei sieben Stunden. Als gesund gilt – individuell verschieden – eine Schlafdauer von sechs bis zehn Stunden.

Regenerativ und erholsam kann Schlaf aber nur wirken, wenn uns mit dem abendlichen Einschlafen auch tatsächlich ein Abschluss des Tages gelingt und die physischen und psychischen »Reste« der Wachphase nicht übermächtig sind. Ein schwer verdauliches Essen und daraus folgend hohe Fett- und Zuckerkonzentrationen im Blut, Alkohol, Drogen, Medikamente, genauso gut aber auch belastende Gedanken oder Empfindungen (Ängste) zwingen uns, zunächst einmal die »Altlasten« des Tages zu beseitigen, ehe Erholung möglich ist. Folglich sind wir gut beraten, die letzten wachen Stunden des Tages so zu gestalten, dass sich ein gesunder Schlaf erzielen lässt. Dabei gilt ein einfaches Prinzip: »Schwer Verdauliches« ist in den letzten drei Stunden des Tages tabu.

Finden wir keinen gesunden Schlaf- und Einschlafrhythmus, wird die so wichtige Erholungsphase in der Nacht recht schnell zum Albtraum. Zu fettiges oder sonst schwer verdauliches Essen belastet den gesamten Verdauungsapparat und liegt uns wie der sprichwörtliche Kloß im Magen. Die Blutversorgung konzentriert sich auf Magen und Darm, die Schwerstarbeit leisten müssen, um mit dem späten »Einschlag« fertig zu werden. Gleiches gilt für hohe Alkoholkonzentrationen, die die Leber belasten und für den Organismus Folgen wie eine akute Vergiftung haben. Sie beschäftigen den Stoffwechsel wegen seiner begrenzten Abbaukapazitäten weit über die Nacht hinaus und lassen uns nur scheinbar tief schlafen; die auf die im Schlaf aktiven Hirnareale wirkenden Blutalkoholkonzentrationen verhindern die notwendige Koordination der Gehirnströme, sodass der Schlaf, der dem Rausch folgt, weit eher einem Hirndefekt denn einer gezielten Regeneration ähnelt. Etliche Verbindungen zwischen den Hirnzellen sind blockiert oder werden falsch »verschaltet« von den Hirnzellen, die dem Vollrausch unwiederbringlich zum Opfer fallen, einmal abgesehen.

- Gegessen wird nur, was leicht verdaulich ist: Obst und Obstsalate, möglichst unbearbeitetes Gemüse, Fisch, Reis oder Kartoffeln, Vollwertnudeln. *Ein* Bier oder *ein* Glas Wein sind nicht nur problemlos, sondern launologisch wertvoll.
- Quälen Sie sich nicht durch gruselige Filme, Kontoauszüge oder Problemdiskussionen. Spaziergänge, Gesellschaftsspiele, Musik oder eine beruhigende Beschäftigung geben Ihnen Ge-

legenheit, Abstand vom Alltag zu gewinnen und Ihren Rhythmus wiederzufinden.

- Suchen Sie zum Einschlafen aus Ihrer Erinnerung ein paar schöne Bilder oder denken Sie an ein künftiges Ereignis, auf das Sie sich freuen. Verbieten Sie sich jedwedes Grübeln.

H E L P D E S K

Einschlafhilfen der Launologen

Negative Gedanken, Zorn, Ärger oder Wut sind bestens geeignet, uns um den Schlaf zu bringen. Mit unserer Müdigkeit füttern wir sie dann prima durch den nächsten Tag, damit sie uns putzmunter und gestärkt auch noch die nächste Nacht vermiesen. Also müssen wir sie vor dem Einschlafen erledigen. Aber wie? Launologen kennen einige einfache Tricks.

1. Schreiben Sie sich die Sorgen von der Seele

Schreiben Sie Ihre Sorgen mit einigen einfachen Sätzen auf und entscheiden Sie, welche konkreten Maßnahmen Sie am nächsten Tag ergreifen, um sich diesen Sorgen und Problemen zu stellen. Definieren Sie präzise Ort und Uhrzeit und legen Sie diesen Zettel in einen Sorgenkorb, der weit von Ihrem Schlafzimmer entfernt steht. Haken Sie am nächsten Abend ab, welche dieser Maßnahmen Sie mit welchem Erfolg ergriffen haben. Ein Beispiel:

Sie sorgen sich wegen der anstehenden Anschlussfinanzierung für Ihre Eigentumswohnung. Die Zinsen sind gestiegen und Sie haben Angst, mit Ihrem Einkommen eine höhere monatliche Belastung nicht tragen zu können. Auf Ihrem Sorgenzettel notieren Sie:

- Eine Monatliche Einnahmen-Ausgaben-Liste erstellen [17.00 Uhr zu Hause]
- Finanzierungsunterlagen heraussuchen und aktuelle Finanzierungskonditionen recherchieren [18.00 Uhr zu Hause]
- Termin in einer Schuldnerberatung vereinbaren [in der Mittagspause]

2. Legen Sie negative Gefühle beiseite

Suchen Sie sich einen Gegenstand, der gut geeignet ist, Ihr negatives Gefühl auszudrücken. Tun Sie mit ihm, wonach Ihre Emotion Sie drängt, bis das Gefühl nachlässt, und schließen Sie dann mit dem Gegenstand ab. Ein Beispiel:

Sie ärgern sich über einen Kollegen, der Sie als unfähigen Dummkopf darstellt. Je länger Sie sich ärgern, umso größer wird Ihr Zorn, vor allem weil er Sie im Geiste sogar bis nach Hause verfolgt. Verhindern Sie, dass er noch Eingang in die Nacht findet. Schnappen Sie sich die Blumenvase, die Sie bei der letzten Betriebstombola gewonnen haben, und packen Sie sie in einen alten Lappen. Zertrümmern Sie sie, bis nur noch ein feiner Porzellanstaub übrig geblieben ist. Den beerdigen Sie feierlich ein Stück vom Haus entfernt. Sprechen Sie ein paar Worte und gönnen Sie sich einen leichten Leichenschmaus auf den verebbten Zorn.

Punkt 2: Trinkgewohnheiten

Die Magensäure, eine Art hochprozentige Salzsäure, die die geschluckten Lebensmittel durchsetzt und so fermentiert, dass sie anschließend im Darm verdaut werden können, benötigt exakt die richtige Stärke, um die Nahrung nicht zu grob passieren, aber auch nicht zerstört in den Darm rutschen zu lassen. Wasser übernimmt diese Regulation. Gleichzeitig ist es mit 98 Prozent fast alleiniger Bestandteil der Magenschleimhaut, die wiederum dafür sorgt, dass die Magensäure den Magen nicht gleich mit zersetzt. Fehlt dem Körper Wasser, gerät dieses diffizile Zusammenspiel sofort aus den Fugen. Nicht verwunderlich also, dass höchstwahrscheinlich permanenter Wassermangel eine der wesentlichen Ursachen für Magenschleimhautentzündungen und Magengeschwüre ist. Regelmäßiges und ausreichendes Wassertrinken, eine seit Jahrtausenden praktizierte Form des Kurens, zeigt hier enorme Heilungserfolge.

Stellen Sie sich vor, Sie hätten das Glück, Ihr Traumauto fahren zu können (und zu dürfen), vielleicht einen funkelnagelneuen Sportwagen, ein Cabrio, einen riesigen Van für die ganze Familie oder einen kleinen, wendigen Wagen mit Schiebedach für den Stadtverkehr, den Weg zur Arbeit, was auch immer. Er soll ein Geschenk sein, von jemandem, der Sie mag und der Ihnen eine große Freude machen wollte, und den Sie auch sehr mögen. Der Wagen hat alle gewünschten Extras, Navigationssystem, Stereoanlage und CD-Wechsler, vielleicht sogar integrierte Fernseher für die hinteren Sitze, damit sich die Passagiere auf längeren Reisen nicht langweilen. Außerdem gibt es Schecks und Gutscheine für den Unterhalt des PKWs.

Sie fahren mit diesem Wagen und sind begeistert. Er ist eine erstklassige Form der Fortbewegung. Kämen Sie je auf die Idee, statt dem notwendigen Benzin etwa Diesel mit dem Wagen zu tanken? Oder statt Motorenöl sagen wir: Mayonnaise in den Motor zu schütten? Statt dem Öl für das Getriebe in voller Absicht Duschgel einzufüllen, wissend, dass dies Ihr Auto ruiniert?

Wahrscheinlich kaum. Jeder Ihrer Freunde und Bekannten würde Sie doch schnellstens für verrückt erklären und Sie selbst wären sich ständig bewusst, dass Sie mit einer solchen Vorgehensweise dauerhaften Schaden anrichten.

Warum machen wir das dann aber ständig mit einem ungleich wichtigeren Fortbewegungsmittel, mit unserem Körper? Mit dem Ding, das unseren Geist, unsere Seele, unser Leben trägt? Ohne das wir nicht mehr als eine Idee wären?

Unser Körper ist eine unglaublich komplexe Maschine mit einer sensationellen Leistungsfähigkeit. Selbst die modernste Erfindung sieht dagegen lausig aus. Er ist in der Lage, gleichzeitig mehr Informationen aufzunehmen und zu verarbeiten als jeder Hochleistungscomputer. Dabei kann er Musik machen, Bücher lesen, Essen kochen, Uhren reparieren, Geschichten erzählen und Blinddärme operieren. Ihr Traumauto ist ein Witz dagegen. Trotzdem quälen wir unseren Körper häufig mit Dingen, die wir unserem Auto niemals zumuten würden. Er nimmt uns das lange Zeit nicht einmal übel. Was auch immer an fettigem, klebrigen, alkoholischen oder synthetischen Industriefutter wir in ihn hineinwerfen – das meiste schluckt er nicht nur klaglos, er schafft es sogar noch, Lebensenergie daraus zu ziehen, ohne gleich an der nächsten Ecke stehen zu bleiben, und regeneriert sich ständig selbst, meist ohne Werkstattaufenthalt oder kostspieliges Ersatzteil.

Koffein ist Bestandteil des in Deutschland meistkonsumierten Getränks, sprich Kaffee, und Zusatzstoff zahlreicher Limonaden, Cola und Mischgetränke. Eine Tasse Kaffee enthält etwa 20–30 Milligramm, eine Tasse Tee 5 und ein Glas Cola ebenfalls etwa 5 Milligramm.

Koffein hat eine deutlich anregende, Aufmerksamkeit steigernde Wirkung. Es erhöht die Kreislaufleistung und aktiviert bestimmte Hirnareale, die für Gedächtnisleistungen und räumliche Wahrnehmungen zuständig sind. Gleichzeitig unterdrückt es Müdigkeit und Schlafbedürfnis. Für diese Effekte genügt eine Dosis von 20 Milligramm (verteilt über den Tag). Höhere Dosen haben nachweisbar keine zusätzlichen oder stärkeren Effekte. Trotzdem ist die täglich notwendige Koffeindosis in der Wahrnehmung der Konsumenten eine deutlich höhere. Sie verweist auf das Suchtpotenzial, das dem Koffein zugewiesen wird. Wird es über längere Zeiträume in großen Mengen konsumiert, führt der Entzug von Koffein wie bei anderen bekannten Drogen auch zu Müdigkeit, Reizbarkeit, depressiver Verstimmung oder Kopfschmerzen.

Die durch Limonaden und Cola häufige Unterdrückung des Schlafbedürfnisses führt vor allem bei Kindern und Jugendlichen nicht selten zu Schlafmangel und nach neueren Berichten sogar zu Folgeerkrankungen wie Migräne. Trotzdem sind die koffeinfreien Varianten vieler Limonaden und Kaffeegetränke Ladenhüter. Zur Begründung wird vielfach auf den schwächeren Geschmack der koffeinfreien Varianten verwiesen, doch erkennen in Blindversuchen regelmäßig nicht einmal zehn Prozent der Probanden einen geschmacklichen Unterschied zwischen beiden Varianten.

Der Körper eines Erwachsenen besteht zu rund 75 Prozent aus Wasser, das Gehirn zu 88 Prozent. Es ist für jede Form des Lebens der zentrale und unerlässliche Baustein. Selbst unter den unwirklichsten Bedingungen, in tiefen Eisschichten der Pole oder dem schwefelhaltigen, giftigen Wasser unterirdischer Vulkane ist für einfache Lebensformen ein Überleben möglich – trotz der grundsätzlichen Lebensfeindlichkeit der Umgebung, eben weil Wasser vorhanden ist.

In unserem Körper ist Wasser die zentrale Substanz. In ihm und mit ihm werden ausnahmslos alle lebensnotwendigen Substanzen sowie deren Abbauprodukte durch den Körper transportiert, bevorzugt natürlich über den Blutkreislauf. Aber es werden auch die unterschiedlichen Körpersubstanzen in ein passendes und ausgeglichenes Verhältnis zueinander gebracht. Alle Köperzellen regulieren sich über die inneren und die sie umgebenden Wassergehalte sowie ein präzises Verhältnis dieser Konzentrationen zueinander. Darüber hinaus beherrscht das Wasser alle kritischen Substanzen im Körper, spült – über die Nieren – permanent ausgefilterte Giftstoffe aus, leistet akute Hilfe etwa bei mechanischen Verletzungen, Reizungen, Entzündungen oder Verbrennungen (einfachste Variante: Blasen) und übernimmt Regulierungsfunktionen zum Beispiel für die Körpertemperatur (Verdunstungskühlung über den Schweiß) und Verdauung, etwa im Magen.

Folglich erschweren, verlangsamen oder stocken sofort wichtige Körperprozesse, wenn die Wasserkonzentration im Körper sinkt – was sie permanent tut, wenn wir nicht durch das Trinken aktiv gegensteuern, weil unser Körper nicht in der Lage ist, unseren Wasserhaushalt mit den Umgebungsbedingungen zu steuern. Ganz im Gegenteil: An einem warmen

Tag, an dem Wasser noch wichtiger als an einem kühlen ist, verlieren wir binnen einer Stunde durch die Verdunstung des Schweißes auf der Hautoberfläche und die Atmung bis zu 250 Milliliter, bei zunehmender Wärme oder körperlicher Anstrengung ohne Weiteres ein Vielfaches dessen. Das hat erhebliche Auswirkungen. Schon bei einem Wasserverlust von drei Prozent des Körpergewichts, bei einem 75 Kilogramm schweren Erwachsenen also gut zwei Liter, lässt die geistige Leistungsfähigkeit wegen des ungünstigeren osmotischen Verhältnisses des Blutes und der verlangsamten Sauerstoff- und Nährstoffversorgung des Gehirns messbar nach. Bei einem Verlust von fünf Prozent drohen erhebliche Koordinationsprobleme oder -ausfälle, ab sieben Prozent kommt es zur akuten Dehydrierung mit hohen Risiken für Herz und Kreislauf bis hin zum Kollaps und Infarkt. Weiterer Flüssigkeitsverlust führt unweigerlich zum schnellen Tod.

Weit häufiger als solche akuten sind aber quasi chronische Unterversorgungen des Körpers mit Wasser. Sie haben zahlreiche Ursachen. Kaffee, Tee oder davon abgewandelte, insbesondere milchhaltige Getränke sind seit Langem die meistgetrunkenen in allen Ländern Europas; bis zu 125 Liter pro Jahr trinkt jeder Deutsche von ihnen. Sie wirken – neben den zahlreichen, teils noch gar nicht erforschten Wirkungen der Inhaltsstoffe (allein beim Kaffee sind dies über 10 000) – durch das darin enthaltene Koffein harntreibend und damit auch entwässernd. Je mehr wir von ihnen trinken, desto mehr – scheinbar paradoxerweise – dehydrieren wir. Nahezu alle der weiteren »Top 10« der Getränkehitliste wie etwa die (teils stark) zuckerhaltigen Getränke wie Säfte, Limonaden oder Mischgetränke (Plätze 3 und 4) und alle alkoholischen

Getränke wie Bier und Wein (Plätze 6 und 5) verbrauchen zusätzlich Wasser, werden aber teil- und zeitweise von unserem Gehirn fälschlicherweise als Wasserzufuhr »verbucht«. Wir müssen also bei regelmäßigem Kaffee- oder Tee-Konsum, beim Genuss von Saft, Limonade oder Alkohol mehr Wasser aufnehmen, als wir ohne diese Getränke bräuchten!

Unter chronischem oder akutem Wassermangel gerät unsere Laune sofort aus dem Gleichgewicht. Insbesondere die Fließeigenschaften und die Transportfähigkeit des Blutes sinken, sodass nicht nur die schnelle und effiziente Nährstoffversorgung von Gehirn und Muskulatur behindert wird, sondern auch der Abbau der Abfall- und Giftstoffe des Körpers. Diese Abfall- und Giftstoffe reichern sich an, verschieben das biochemische Milieu des Körpers in den (tatsächlich) sauren Bereich und führen nicht nur zu Spannungszuständen, Kopfschmerzen, Migräne oder Reizbarkeit, sondern auch vergleichsweise schnell zu organischen Schäden insbesondere an den Nieren (einschließlich der bekannten Nierensteine), der Leber, dem Magen und dem Darm, zu Ablagerungen in den Blutgefäßen sowie zu Haut- und Gelenkserkrankungen.

H E L P D E S K

Kampf den Wasserräubern

Als Faustregel gilt: Trinken Sie zu jedem Wasserräuber – Kaffee, Tee, Saft, Bier oder Wein – die doppelte Menge Wasser, möglichst ohne Kohlensäure – gern auch Leitungswasser, denn die Grenzwerte für die Belastung von Trinkwasser sind in Westeuropa noch strenger als die für handelsübliches Mineralwasser. Wenn Sie einmal beobachtet haben, wie lange eine Lieferung von Wasser in Plastikflaschen im Sommer vor der Lagerhalle des Supermarkts in der Sonne stand, wird Ihnen Ihr Wasser aus dem Hahn bestimmt genauso gut schmecken.

Gewöhnen Sie sich an, gleich nach dem Aufstehen ein Glas Wasser auf nüchternen Magen zu trinken. Das bringt nicht nur Ihren Kreislauf in Schwung! Trinken Sie dann immer vor dem Essen. Auf diese Weise mildern Sie die belastende Wirkung der Wasserräuber auf den Organismus, ohne auf den gewohnten Kaffee- oder Teekonsum oder das Bier oder das Glas Wein verzichten zu müssen.

Punkt 3: Du bist, was du isst

Raffinierter Zucker (industrieller Weißzucker) und Traubenzucker sind die effektivsten Energielieferanten. Ihre einfach aufgebauten Moleküle zerfallen im Körper sofort und landen verzögerungsfrei im Blut, sodass die in ihnen gespeicherte Energie insbesondere auch im Gehirn unmittelbar zur Verfügung steht. Doch der Preis für dieses physiologische Super-Doping ist unverhältnismäßig hoch: Der Insulinspiegel im Blut steigt sprunghaft an (was häufig zusätzliche Hungergefühle auslöst) und führt alsbald mit der vom Insulin verursachten Absenkung des Blutzuckers zu einer steigenden Serotoninkonzentration und damit zu verstärkter Müdigkeit. Die körperliche, vor allem aber die geistige Leistungsfähigkeit sinkt rapide und macht den kurzen Zuckerschub zu einem wahren Strohfeuer.

Auch Zucker hat ein enormes Suchtpotenzial. In Tierversuchen konnte nachgewiesen werden, dass konzentrierte Zuckergaben wie Opiate exakt jene Hirnareale stimulieren, die unserem Nervensystem Belohnung signalisieren. Genau dieses Suchtpotenzial ist so auch allen stark zuckerhaltigen Lebensmitteln zu eigen: In Schokolade oder Marmelade erreicht der Anteil einfach raffinierter Zucker 50 Prozent, in Ketchup oder Gummibärchen sogar 70 Prozent. Mit seiner täglichen Durchschnittsration aus Kakaogetränk, Müsliriegel, Fruchtjoghurt, Kuchen und Cola, Limo oder Eistee nimmt jeder Deutsche auf diese Weise 50 Kilo, also einen Zentner Industriezucker jährlich zu sich.

1 400 000 000 Menschen auf der Welt leiden an krankhaftem Übergewicht. Essen scheint heute eine komplizierte Sache zu sein. In Afrika müsste längst kein Kind mehr verhungern, wenn das Geld, das die Deutschen jedes Jahr für Diätbücher, diätische Lebensmittel und Abnehmkurse ausgeben, für diese Kinder zur Verfügung stünde. Dabei werden die Deutschen von Jahr zu Jahr allen Aufklärungsbemühungen zum Trotz übergewichtiger oder schlicht: fetter. Schätzungen gehen so weit, dass bereits rund die Hälfte der Kosten des Gesundheitswesens durch Übergewicht und Krankheiten aufgrund falscher Ernährung verursacht wird. Der Fast-Food-Anteil an der Ernährung steigt ungeachtet aller Erkenntnisse über die ernährungsphysiologischen Risiken, der Umsatz mit synthetischen Nahrungsmittelzusätzen erreicht beinahe jährlich Rekordwerte. Warum nur, fragt man sich, ist gesunde

Ernährung für immer mehr Menschen eine seltene Ausnahme geworden?

Gründe für diese Entwicklung gibt es zahlreiche. Ein Hauptpunkt ist die zunehmende und verwirrende Komplexität des im Grunde einfachen und natürlichen Themas. Nie war das Angebot an Lebensmitteln und Getränken in Deutschland größer, nie waren die Preise für Lebensmittel – in Relation zum Einkommen und zur allgemeinen Kaufkraft der Bevölkerung – niedriger als heute. Während in ärmeren Ländern und auch in Deutschland nach dem Zweiten Weltkrieg noch bis zu 35 Prozent des verfügbaren Einkommens für Lebensmittel ausgegeben wurden, sind dies heute durchschnittlich gerade noch rund zehn Prozent. Damit hat der überwiegende Teil der Verbraucher eine nahezu unbegrenzte Auswahl, was, wo, wie und wie viel er isst – allerdings mit zwei dramatischen Begleitumständen: Zum einen steigt der Anteil synthetischer Lebensmittel unverändert schnell, was zur Folge hat, dass der Verbraucher für all das, was es halbwegs frisch oder naturbelassen im durchschnittlichen Supermarkt noch zu kaufen gibt, immer weniger Platz in den Regalen findet. Zum anderen sind unsere Ernährungsstrategien und unsere Physiologie nach wie vor und allein auf ein »zu wenig« und nicht ein »zu viel« an Nahrung ausgerichtet. Unser Körper hat gelernt, mit dem Mangel, nicht mit dem Überfluss umzugehen.

Mit der Synthetisierung unserer Nahrung halten Stoffe in unser Leben Einzug, die unserem Körper als Energielieferanten oder »Betriebsstoffe« so fremd sind wie Ihrem Auto Ketchup oder Mayonnaise. Glutamat (E 620 bis E 625) oder Aspartam, Carrageen (E 407) und Sulfite (E 220 bis E 228) sowie eine nahezu unbegrenzte Zahl von sonstigen Farb- und Ergänzungsstoffen, gekoppelt mit großen Mengen tierischer Fette und einfach raffinierten Zuckers, machen selbst harmlos scheinende Nahrungsmittel wie etwa einen handelsüblichen Fruchtjoghurt, einen Obstsaft oder eine Dosensuppe zu einem biochemischen und launologischen Bombeneinschlag in Ihr Körpersystem. Doch sind gerade diese Produkte ausgesprochen lohnende Artikel der Lebensmittelindustrie, die an einem Liter vollsynthetischer Cola oder einer Tonne Schokoriegel ungleich größere Gewinnspannen erzielt als an einem Liter frisch gepressten Orangensaft oder einem Kilo Naturreis aus biologischen Anbauverfahren. Folglich sind die Interessen der Lebensmittelhersteller und Discounter gegensätzlich zu dem, was Ihr Körper und Ihre Seele sich unter einer gesunden Ernährung vorstellen. Mit dem Ergebnis, dass industrielle Fertigprodukte (einschließlich der Milchprodukte) und Süßwaren neben den Sortimenten für Tiernahrung und Tierprodukte (die Unterschiede in Geschmack und Zusammensetzung sind meist marginal) heute den größten Anteil an den Lebensmittelverkaufsflächen haben und mit zahlreichen Zusatzstoffen versehen werden, die gezielt – physische und/oder psychische – Suchtpotenziale aufbauen.

Und denken Sie daran: Sauer macht nicht lustig. Der ph-Wert ist eine chemische Maßeinheit für die Anzahl positiv geladener Wasserstoff-(H^+)-Ionen beziehungsweise negativ geladener Sauerstoff-Wasserstoff-(OH^-)-Moleküle in einer Substanz und gibt Aufschluss darüber, ob diese Substanz oder ein bestimmtes chemisches Milieu überwiegend sauer, neutral oder überwiegend basischer Natur ist. Saure, neutrale oder basische ph-Werte bestimmen wesentlich, welche Reaktionen zwischen den Substanzen beziehungsweise in dem Milieu ablaufen. Neutrale ph-Werte liegen bei 7 und haben Ionen beider Art in einem ausgeglichenen Verhältnis. Sauere Werte sind kleiner, basische Werte sind größer 7, wobei jeder Ziffernschritt eine Verzehnfachung der jeweiligen H^+- bzw. OH^--Konzentrationen bedeutet, sodass etwa bei einem ph-Wert von 5 die sauren H^+-Ionen den basischen OH^--Ionen um ein Hundertfaches überlegen sind.

In unserem Körper herrschen in verschiedenen Bereichen unterschiedliche ph-Werte. Der wichtigste ist der des Blutes, weil von ihm das optimale Fließen und Funktionieren des Blutes abhängt. Hier sind wir sehr empfindlich. Nur bei einem ph-Wert des Blutes von 7,36 bis 7,44 hat es optimale Eigenschaften. Stärkere Verschiebungen haben zwangsläufig nachteilige oder kritische Folgen, wogegen sich der Körper mit einer Reihe von sehr ausgeklügelten Mechanismen, sogenannten Puffern, zu schützen versucht.

Essen und trinken wir, sorgen sowohl die Zusammensetzung der aufgenommenen Lebensmittel als auch die sich anschließende Form der Verdauung für das mehr oder minder schnelle Einsickern der Nahrungsbestandteile in unser Blut. Sind diese Substanzen für den ph-Wert unkritisch, bleiben die Puffer inaktiv. Wirken sie hingegen stark säure- oder basenbildend, werden die Puffer aktiv und schütten Gegenmittel aus, um den ph-Wert stabil zu halten.

Lebensmittel, die stark säuernd wirken, sind zunächst einmal all jene, die schon von Natur aus selbst sauer sind (Zitrusfrüchte), oder, wie kohlen- und zitronensäurehaltige Getränke (Limonaden und Fruchtsäfte), künstlich Säuren beigemischt erhalten. Genauso sauer wirken aber auch jene Lebensmittel, die bei der Verdauung in saure Bestandteile zerfallen oder Säuren freisetzen. Dies sind alle stark kohlehydrat- und eiweißreichen Lebensmittel, also Fleisch sowie Lebensmittel mit hohen Zucker- und Stärke-Konzentrationen (Süßigkeiten, Eis, Kuchen sowie sonstige Weißmehlprodukte), während Salate, Gemüse und die meisten Obstsorten (mit Ausnahme der Zitrusfrüchte) basisch wirken, ebenso Samen, Nüsse und Pilze.

Wenn wir schlechte Laune haben, ringen wir nicht selten mit einer starken Verschiebung des Blut-ph-Werts ins Saure, der auf das zurückgeht, was wir gerade gegessen oder getrunken haben. Wir sind im wahrsten Sinne des Wortes einfach »sauer«. Es dauert, bis sich unser körpereigenes Milieu wieder auf Normalmaß eingependelt hat, vorausgesetzt, wir setzten nicht mit der nächsten säurebildenden Mahlzeit nach. Gerade das tun wir allerdings häufig: Ist die Laune schlecht, wird mit einem Stück Kuchen oder Schokolade »zum Trost« reagiert, dass uns nur für einen Moment Freude schenkt, binnen Kurzem aber mit noch mehr Säureprodukten launologisch höchst kontraproduktiv wirkt.

Nur richtiges Essen macht heiter. Was auch immer Sie essen, es sollte so wenig und so schonend wie möglich bearbeitet und zubereitet sein. Brauchen Sie länger als zehn Minuten, um aus Naturprodukten herzustellen, was Sie auf der Gabel haben, ist es ernährungsphysiologisch wahrscheinlich wertlos und launologisch kritisch.

Drei schlichte Prinzipien genügen Ihrem launologischen Ernährungsprogramm.

1. Sie haben eine größere geistige Anstrengung hinter sich und sind hungrig. Optimal wäre jetzt Obst, perfekt beispielsweise frischer Pfirsich, ein erstklassiger Energielieferant mit patentierter Allwetter-Schutzverpackung. Der eigene Pfirsichbaum ist leider meistens nicht vorhanden. Also hilft nur der Lebensmittelhandel. Wenn er Pfirsiche mit Reisedauern unter zwei Wochen anbieten kann (also kein Obst vom anderen Ende der Welt mit einem Reife- und Härtegrad, dass es nur als Wurfgeschoss dienen kann), können Sie zugreifen. Einfach waschen, fertig.

2. Gibt es keinen frischen Pfirsich, wird die nächste lebensmitteltechnische Synthese schon kritisch. Meist ist das Pfirsichsaft. Er wird häufig mit Wasser und Industriezucker gestreckt und konserviert, also mit Zusatzstoffen behandelt. Die meisten Vitamine und Mineralstoffe haben schon das Zeitliche gesegnet, und obwohl er als Getränk daherkommt, hat er den Kaloriengehalt eines Schokoriegels. Tendenziell also – Finger weg.

3. Noch einen Schritt weiter gehen Sie jetzt mit dem Dosenpfirsich oder der Pfirsichmarmelade. Als Industrieprodukte haben sie mit einem naturbelassenen Pfirsich so viel gemein wie Flipper mit dem Dosenthunfisch. Der Anteil von Industriezucker liegt bei über 50 Prozent, der Dosenpfirsich enthält im Vergleich zum frischen Obst fast 70 Prozent weniger Vitamin C. Ernährungsphysiologisch nur noch zur Abschreckung geeignet. Bestenfalls Tiefkühlkost wäre eine Alternative, denn da werden die Früchte schockgefroren und die Vitamine bleiben weitestgehend erhalten.

Unbehandeltes und naturbelassenes Obst und Gemüse, Pilze, Nüsse, Samen, Keime, Sprossen, dazu mageres Fleisch (vorwiegend Geflügel) und Fisch (probieren Sie mal Sushi) sollten den überwiegenden Anteil Ihrer Nahrung bilden, dazu Vollkornreis, Vollwertnudeln, Kartoffeln. Vorher eine (sahne- und bindemittelfreie) Suppe oder ein Salat, als Nachtisch je nach Verträglichkeit fettarmer Joghurt oder Käse. Steht dies an sechs Tagen der Woche auf dem Plan, wird alles andere verzeihlich und nach einer Zeit ohnehin seinen Reiz verlieren.

H E L P D E S K

Esstipps der Launologen

Machen Sie essen und Ernährung zu dem, was es ist – zu einem wirklich wichtigen Teil des Tages und einem immer wieder neuen, lustvollen Erlebnis.

- Essen Sie nicht nebenbei, beim Fernsehen oder Lesen.
- Nehmen Sie sich die Zeit, Ihr Essen an einem angenehmen Ort einzunehmen. Richten Sie Ihren Teller attraktiv an und geben Sie sich dem sinnlichen Erlebnis hin, statt Industriekram zwischen Tür und Angel hinunterzuschlingen.
- Kaufen Sie sich einen Wok, ein Dutzend frischer Zutaten, etwas Sojaöl und ein paar frische Gewürze und probieren Sie drauflos. Frischer Fisch mit Apfelstückchen, kurz gebratene Hähnchenbrust mit Walnuss und Spinat – erlaubt ist, was natürlich bleibt und schmeckt.
- Essen Sie langsam, immer langsamer, ganz langsam, in vorher festgelegten Portionen.
- Essen Sie nur, und wirklich nur dann, wenn Sie ernsthaft Hunger haben.

Punkt 4: Bewegung

Vor einiger Zeit traf ich einen alten Arbeitskollegen. Vor 15 Jahren hatten wir kurz in derselben Firma gearbeitet. Wir waren uns sympathisch gewesen, daher unterhielten wir uns über die Familie, die Arbeit und das Leben. Dabei erzählte er mir seine Geschichte. Sie war sehr eindrucksvoll:

»Vor knapp zehn Jahren wurde ich zum Abteilungsleiter befördert. Ich arbeitete seit Langem hart und viel. Nach der Beförderung wurde es noch schlimmer. Ich kam zu kaum etwas anderem. Ich reiste viel und hatte selbst dann, wenn ich im Büro arbeitete, noch häufig Termine am Abend, meist zum Essen. Es war sehr stressig. Ich hatte wieder mit dem Rauchen angefangen, nur wenig Zeit für meine Frau und meine drei Kinder, keine Zeit für mich und wog 112 Kilo, fast 30 Kilo zu viel. Ich schlief schlecht, aß, was immer süß, fett und ungesund war, trank beinahe jeden Abend Alkohol und war meist zu spät, was immer ich auch tat. Das Einzige, was noch lief, war mein Job.

An einem Freitagnachmittag im August, das ist jetzt sechs Jahre her, brach sich mein Sohn bei einem Fahrradunfall Arm und Schlüsselbein. Außerdem hatte er eine Gehirnerschütterung. Er war damals acht. Ich raste von der Arbeit direkt ins Krankenhaus, wo meine Frau sich um ihn kümmerte. Er war blass und mitgenommen, aber schon ziemlich beruhigt, als ich ankam. Ich war, wie immer bei der Hitze, nass geschwitzt und völlig außer Atem und musste mich im Behandlungszimmer erst einmal erholen, fast mehr als mein Sohn. Der Arzt schaute mich ziemlich komisch an, sagte aber nichts.

Als wir nach einiger Zeit gehen konnten, hielt mich ein anderer Arzt zurück. Er sagte mir, er mache sich Sorgen um mich und würde mich gern kurz untersuchen.

Ich war etwas verwirrt. Wahrscheinlich habe ich nur deshalb zugesagt. Er machte ein EKG. Eine halbe Stunde später kam ein Kardiologe. Er sagte, er wollte noch einige weitere Untersuchungen machen. Daraufhin untersuchten sie mich bis in den späten Abend. Ich wurde sehr unruhig, meine Frau auch.

Ziemlich spät gab man mir ein Einzelzimmer. Dann kam der Kardiologe. Er sagte mir, ich sei noch einen Wimpernschlag von einem schweren Herzinfarkt entfernt. Es sei ein Wunder, dass noch nichts passiert sei. Meine Herzgefäße seien stark in Mitleidenschaft gezogen und teils schon fast zu. Ich bräuchte sofort drei Bypässe. Dann erklärte er mir, wie die Operation abliefe. Dass sie mit einer Säge mein Brustbein zertrennen würden, um den Brustkorb aufzustemmen und die Bypässe zu setzen. Dass das mein Leben fürs Erste retten würde. Aber dass ich mit meiner jetzigen Lebensweise nicht die geringste Chance hätte, den achtzehnten Geburtstag meines Sohnes zu erleben. Er gäbe mir selbst mit den Bypässen höchstens drei, vier Jahre, dann sei ich tot.

Ich schwitzte wie wahnsinnig und bekam Todesangst.

Über das Wochenende musste ich im Krankenhaus bleiben. Ich war völlig niedergeschlagen. Nachts habe ich geweint. Eigentlich war ich wegen meines Sohnes gekommen, und dann so etwas! Aber ich glaube auch, dass ich es wohl geahnt hatte und nur verdrängt habe, was mit mir in all den Jahren passierte.

Am Montagmorgen – ich hatte keinen Bissen gegessen, kaum geschlafen und nur nachgedacht – erschien der Kardiologe. Ich sagte ihm, ich wolle keine Bypässe. Ich wolle überleben, aber ohne aufgesägten Brustkorb. Ich bettelte, weinte und fluchte.

Am Ende setzten sie mir am Montag »stents«, also Verbreiterungen für einige Blutgefäße im Herzen, eine ambulante Art der Behandlung und eine Vorstufe zur Bypassoperation, auf meinen ausdrücklichen Wunsch und gegen den ärztlichen Rat. Außerdem bekam ich die Adressen einiger Diätberater, ein paar Broschüren und ein Ultraschallbild meines Herzens.

Eine Woche später, als ich mich wieder aus dem Haus traute, kaufte ich mir eine Rudermaschine, ein Mountainbike und ein paar Laufschuhe. Die Rudermaschine habe ich verschenkt, mit dem Mountainbike fahre ich ab und zu im Sommer spazieren.

Laufen tue ich seit diesem Montag jeden Tag. Anfangs konnte ich nur langsam gehen, und ich hatte mir auch nur drei Tage in der Woche für Sport vorgenommen. Aber es hat seit diesem Montag keinen Tag gegeben, an dem ich nicht morgens meine Schuhe angezogen hätte, um zu laufen, egal wo ich war und was für einen Tag auch immer ich geplant hatte. Ich bin sogar auf Zypern gelaufen, mitten in Madrid und im tiefsten Winter in Stockholm.

Es dauerte drei Monate, bis ich zwei Kilometer am Stück schaffte. Aber die Veränderung kam sofort. Meine Essgewohnheiten regulierten sich automatisch. Ich war abends angenehm müde und morgens wacher. Ich brauchte irgendwann keine Zigaretten und keinen Alkohol mehr. Ich fing an, das Leben neu zu entdecken, und bei vielen morgendlichen Runden dachte ich, ich sehe die Welt zu ersten Mal. Es war und ist unbeschreiblich.

Seit einem Jahr läuft meine Frau auch. Unser Sohn ist am Wochenende auch dabei. Nächstes Jahr laufen wir alle zusammen unseren ersten Halbmarathon, und dann schauen wir mal weiter …

Sie können mir glauben, dass ich das Laufen vorher gehasst habe, schon der Gedanke daran schien mir unerträglich. Heute weiß ich: Es hat mir nicht nur das Leben gerettet; es hat mir sogar ein weiteres Leben geschenkt, unvergleichlich besser, als ich es vorher lange, lange Zeit hatte.«

Legt man die Entwicklungsgeschichte des Menschen – etwa für Zwecke wie diesen eindrucksvollen Vergleich – in einen einzigen Tag, ist der Mensch bis in die späten Abendstunden dieses Tages Krieger, Jäger, Sammler, weit nach Sonnenuntergang dann auch Landwirt. Er kämpft tagtäglich um sein Überleben. Er lebt in Höhlen oder einfachen Behausungen, ernährt sich ausnahmslos aus der Natur, kennt kein Salz, keinen Zucker, keine Chemie, keine Arzneimittel und lange keinen Alkohol. Er hungert tage-, manchmal wochenlang, wandert und rennt bis zu 100 Kilometer am Tag. Er hackt Holz, schleppt tote Tiere, pflückt, gräbt und »malocht«. Sein Körper, eine perfekte Überlebensmaschine, ist trainiert, hager und hoch leistungsfähig.

Moderne Zivilisation, wie sie uns heute selbstverständlich ist, ist dagegen ein kurzes Phänomen einiger Minuten vor Mitternacht. In der letzten Minute wurden erst das Auto, der Fernseher und – mit den ersten Schlägen zu Mitternacht – der Computer erfunden. In unserem Alltag aber leben wir häufig so, als sei unser Körper nicht das Ergebnis eines jahrtausendelangen Anpassungsprozesses an diese 24 harten Stunden, sondern als sei er dazu gebaut, auf schlechten Stühlen vor flimmernden Apparaten und Apparaturen zu sitzen und sich möglichst gar nicht zu bewegen. Verständlich, dass er das nicht mitmacht – auch dann nicht, wenn zumindest das Gewicht noch stimmt, sagen zahlreiche Studien, die sich mit den

No Sports

Nur rund 40 Prozent der Deutschen machen nach eigener Aussage regelmäßig Sport, nicht einmal 15 Prozent die als wünschenswert geltenden 30 Minuten täglich (Bundes-Gesundheitssurvey). Mehr als die Hälfte der 30- bis 59-jährigen Männer und Frauen treibt keinen Sport. 65 Prozent der 50- bis 59-jährigen Frauen und 60 Prozent der gleichaltrigen Männer sind nicht in der Lage, bescheidene drei Stockwerke am Stück hochzugehen.

Von den Inaktiven antworten zwei Drittel auf die Frage nach den Gründen für den Bewegungsmangel, sie hätten »keine Zeit«. Das ist erstaunlich. Denn bei beruflich stark eingespannten und – legt man Position und Einkommen zugrunde – überdurchschnittlich erfolgreichen Menschen ist die Quote deutlich höher. Ebenso im Lager der berufstätigen Familienväter und Mütter, bei denen erwiesenermaßen frei verfügbare Zeit ein kritischeres Moment als bei Kinderlosen ist. Wo nur, so fragt man sich, bleibt also die Zeit? Zwei Möglichkeiten: »Fernsehen« etwa fesselt uns durchschnittlich drei Stunden täglich, der eigene PC gut eine Stunde. Demgegenüber bleiben für »Gespräche mit dem Partner« nur noch 20 Minuten. Und für den Sport …

Folgen von Bewegungsmangel beschäftigen. Ein Beispiel: Ein Sechzigjähriger, der bei gleichen Risikofaktoren und gleichen Lebensgewohnheiten drei Kilometer am Tag mehr als sein Nachbar wandert, wird ihn statistisch betrachtet um sieben (!) Jahre überleben – allein der Bewegung wegen.

Was ist also zu tun?

1000 Kalorien werden im Schnitt in einer Stunde Laufen verbraucht. Wenn Sie in Ihrer Kindheit oder Jugend viel Sport gemacht oder auch in anderen Lebensphasen zumindest hin und wieder Sport getrieben haben, ist es vergleichsweise einfach, dort wieder anzuknüpfen. Überlegen Sie, was Ihnen besonders Spaß gemacht hat, was am Fußball, Handball, Schwimmen, Volleyball oder Turnen gut gewesen ist. War es das gute Gefühl der Erschöpfung nach dem Sport, das Zusammenspiel mit anderen, der Wettkampf oder die Anerkennung, die man Ihnen beim Sport entgegenbrachte? Nun – nichts von dem ist verschwunden, und es ist Ihnen ohne Weiteres möglich, genau dies ein zweites Mal zu entdecken. Kramen Sie in der Erinnerung, den alten Photos, den Urkunden, gehen Sie an die Stätten früherer Triumphe oder dramatischer Duelle. Es wird nicht nur Ihrem Körper, sondern auch Ihrer Seele ausgesprochen gut bekommen. Wenn Sport einmal eine Bedeutung in Ihrem Leben hatte, dann ist es überaus wahrscheinlich, dass Ihnen in schwierigen und unzufriedenen Lebenssituationen vor allem auch ein oder sogar genau der Sport gefehlt hat.

Fehlanzeige? Suchen Sie die neue Herausforderung? Dann ist das Sportangebot heute derart umfassend, dass Sie mit ein wenig Ernsthaftigkeit das Passende finden werden. Probieren Sie gleich mehrere Angebote aus, lassen Sie sich beraten, gehen Sie in Sportvereine oder zu den Treffpunkten der Walker, Jogger, Runner, Biker. Es ist immer wieder faszinierend zu beobachten, wie große Leidenschaften für einen Sport auch noch im fortgeschrittenen und hohen Alter entstehen können – und ganz nebenbei landen Sie an Orten, an denen die Launologenquote außerordentlich hoch ist.

Waren Sie bislang hingegen ein Bewegungsmuffel, sollten Sie sich kurz einige Gedanken machen. Welche Merkmale müsste Sport haben, um Sie anzusprechen? Was fasziniert Sie am Sport im Fernsehen, in der Zeitung? Wollen Sie es alleine oder mit anderen versuchen? Was wäre einen Versuch wert? Wie steht es um Ihre Physis und um Ihre Gesundheit? Welche Angebote lassen sich einfach in Ihr Leben integrieren, wo wird es schwierig? Was wären interessante Ziele, die Sie ansteuern könnten? Gehen Sie es entspannt, aber nachhaltig an! Dreimal die Woche eine halbe Stunde sind launologisch ein Muss, fünfmal wünschenswert, einmal die Woche eineinhalb Stunden wahrscheinlich nur ein (H)Ort der Zerrung und des Muskelkaters …

Gute Gründe für den Sport

Schon bei unveränderter Ernährung reduzieren Sie Ihr *Diabetesrisiko* um die Hälfte, wenn Sie regelmäßig Sport treiben. Schwerkranke und Rekonvaleszenten *insbesondere nach Krebserkrankungen* zeigen bessere Heilungschancen und -verläufe, wenn sie sich regelmäßig und angemessen sportlich betätigen, berichtet die *Deutsche Zeitschrift für Onkologie* (2/2006).

Menschen, die regelmäßig Sport treiben, haben ein zufriedenstellenderes Liebesleben als Inaktive.

Patienten mit zu *drei Vierteln verengten Herzkranzgefäßen* konnten nach einer Studie an der Universität Leipzig auf »stents« (künstliche Blutgefäße) verzichten und blieben sogar zu 88 Prozent beschwerdefrei, wenn sie täglich 20 Minuten Sport trieben. Bei einer inaktiven Patientenvergleichsgruppe mit »stents« und operativ geweiteten Herzkranzgefäßen klagte noch ein Viertel nach den Eingriffen über Beschwerden.

Das Herzinfarktrisiko der Vergleichsgruppe liegt statistisch um das Fünffache höher als bei den Sportlern.

Frauen, die drei bis vier Stunden wöchentlich spazieren gehen, haben ein um die Hälfte reduziertes Risiko, an Brustkrebs zu erkranken.

Menschen, die regelmäßig Sport treiben, gelten durchschnittlich als attraktiver und sind beruflich erfolgreicher als inaktive.

Und: Zehn Frauen und Männer zwischen 87 und 93 trainierten acht Wochen lang unter ärztlicher Aufsicht im Kraftraum: Ihre Muskelmasse wuchs um zehn Prozent. Die älteren Damen und Senioren waren anschließend dreimal so kräftig wie zuvor und konnten teilweise auf ihre Gehhilfen wieder verzichten.

Ein weiteres Organ, das von aktiver körperlicher Bewegung profitiert, ist unser Gehirn. Durch Ausschüttung von von Endorphinen, wirkt Bewegung verstärkt antidepressiv. Bewegung fördert auch nachweislich die Synapsenbildung und verbessert damit die Verbindung zwischen den einzelnen Nervenzellen. Unser Netzwerk von Nervenzellen wird damit enger geknüpft, die Hirnleistung verbessert und Demenz vorgebeugt.

Alltag – nachher …

»Um 20 vor sechs klingelt Ihr Wecker. Sie stehen sofort auf und schlüpfen in Ihre Sportsachen. Sie trinken noch ein großes Glas Wasser, dann traben Sie langsam am Haus los, gemächlich, die frische, kühle Luft und das Vogelgezwitscher genießend.

Nach knappen 15 Minuten erreichen Sie Ihren Lieblingsplatz. Sie dehnen sich ein paar Minuten und laufen dann entspannt noch ein Stückchen weiter bis zum Bäcker, bei dem Sie einer der ersten Kunden sind.

Während die Verkäuferin Ihnen mit einem ›Wie üblich?‹ die Vollkornbrötchen einpackt, machen Sie ihr ein Kompliment zu ihrer neuen Frisur, über das sie sich sehr freut. Dann traben Sie die wenigen Minuten zurück nach Haus, wo Sie um halb sieben den Rest der Familie frisch geduscht und bestens gelaunt wecken. Sie nehmen sich vor, Ihren Ältesten alsbald für eine morgendliche Joggingrunde zu gewinnen.

Auf dem Weg ins Büro scheint der tägliche Stau kürzer zu werden. Sie ziehen mit zwei Kindern aus einem Nachbarauto Grimassen, bis Ihre Gesichtsmuskeln lahm werden.

Im Büro hat die Kollegin gegenüber einen Obstteller arrangiert. Sie revanchieren sich mit Ihrer bunten Rohkostplatte und dem selbst gemachten Dip, den Sie am Vorabend angerührt haben.

Die Arbeit geht zügig von der Hand. Sie verzichten auf ein Mittagessen, sondern bedienen sich aus dem Obstkorb der Kollegin und machen einen kurzen Spaziergang, der Ihnen ein paar gute Einfälle liefert.

Zurück im Büro stürzt die IT ab. Sie nutzen die günstige Gelegenheit, Ihre sonstige Ablage komplett zu erledigen, bis

Ihr Chef Sie sprechen will. Er bittet um Ihre Mithilfe bei einem wichtigen Projekt. Sie überlegen kurz, danken für das Vertrauen und sagen zu.

Auf dem Nachhauseweg halten Sie an einem Pannenfahrzeug. Sie helfen dem älteren Herrn beim Reifenwechsel, der sich als Arbeitsdirektor eines großen Dienstleistungsunternehmens entpuppt. Er dankt Ihnen überschwänglich und lädt Sie zu einem Kaffee in sein Unternehmen ein.

Zu Hause gönnt Ihnen die Familie die vereinbarte halbe Stunde Ruhepause, ehe die Kinder von ihrem Tag berichten. Anschließend wird gemeinsam gekocht. Aus verschiedenen Gemüsesorten und zwei marinierten Fisch- und Geflügelsorten darf jeder im Wok seine spezielle Mischung brutzeln, zu der es Reis gibt. Sie probieren tapfer die waghalsigen Kompositionen der beiden Jüngsten, die mit Feuereifer bei der Sache sind, und gönnen sich als Lohn für Ihren Mut ein Bier zum Essen.

Als die Kinder im Bett sind, gehen Sie mit Ihrem Partner noch eine Runde spazieren. Sie beide berichten von Ihrem jeweiligen Arbeitstag, entschließen sich dann aber spontan, vorzeitig nach Hause zurückzukehren. Schon um zehn sind Sie im Bett, doch es dauert noch eine angenehme dreiviertel Stunde, ehe Sie entspannt und höchst zufrieden einschlafen …«

Motivationstipps der Launologen

1. Sie sind ein Held!

Sie sind der größte Sportler aller Zeiten! Kinder spielen in der Straße Ihre größten Triumphe nach. Die Augen aller Frauen und Männer leuchten, wenn sie von Ihnen erzählen, und die ungläubige Ehrfurcht steht in ihren Gesichtern, wenn Sie vorbeigehen. Sie sind auf den Titelseiten aller Zeitungen und Magazine. Sie sind eine lebende Legende! Jede Fernsehtalkshow reißt sich um Ihren Auftritt. Sie haben Übermenschliches geleistet, nie Dagewesenes vollbracht! Sie sind der größte Champion aller Zeiten!

Ups, sagen Sie jetzt – das war mir noch gar nicht bewusst. Dann ändern Sie das! Machen Sie aus Ihrer morgendlichen Joggingrunde das olympische Finale über 5000 Meter, das Sie nach dem dramatischsten Rennen aller Zeiten dank einer taktischen Meisterleistung mit einer sensationellen Schlussrunde gewinnen! Kommentieren Sie im Geiste (oder auch laut) Ihre samstägliche Fahrradrunde wie die Königsetappe der Tour de France (hinauf nach Alpe d'Huez). Entwerfen Sie passend zu Ihrem abendlichen Fitnesstraining die Dramaturgie eines 15 Runden langen Schwergewichtsfinales im Boxen, in dem Sie, der krasse Außenseiter, der Nobody, den Champion auf die Bretter schicken, angefeuert von einem frenetischen Publikum, dessen Begeisterung Sie mit Ihrem leidenschaftlichen Kampfstil im Nu erobert haben. Genießen

Sie es, wenn Ihre Phantasie Ihnen Schauer der Begeisterung den Rücken hinunterjagt, und träumen Sie sich in Ihre eigenen Triumphe. Das, was Sie tun, ist es wert!

2. Machen Sie Ihren inneren Schweinehund zur Schnecke!

Sie kennen sich. Also wissen Sie, wann die nächste Runde Sport dem inneren Schweinehund zum Opfer fallen könnte. Bauen Sie vor! Zeichen Sie Ihren inneren Schweinehund, so wie Sie ihn sich vorstellen, auf ein DIN-A4-Blatt, vielleicht ein fettes Monster, mit gelben Zähnen und einem hämischen Grinsen, das Sie verspottet. Oder spielen Sie für fünf Minuten seine Rolle. Schreiben Sie sich als Ihr eigener Schweinehund einen Brief, in dem Sie all die Gründe aufzählen, warum Sie garantiert *keinen* Sport machen werden.

Was auch immer Sie erstellen, platzieren Sie es passend – neben den Wecker für die morgendliche oder neben die Fernbedienung für die abendliche halbe Stunde Sport. Nehmen Sie sich das Bild oder den Brief Ihres Schweinehundes noch einmal vor – wollen Sie jetzt diesem widerlichen Kerl tatsächlich nachgeben? Wollen Sie ihm diesen Erfolg wirklich gönnen? Auf keinen Fall! 30 Minuten später zeichnen Sie, verschwitzt und noch ein bisschen außer Atem, ein neues Bild, schreiben einen neuen, selbstbewussten Brief an Ihren Schweinehund – und siehe da: Er ist nur noch ein kleiner, verschüchterter Kläffer, den Sie mit der wöchentlichen Portion Bewegung in den nächsten Wochen bis zur Unkenntlichkeit schrumpfen lassen.

4

230 000

MORDE UND GEWALTTATEN, DIE EIN JUGENDLICHER BEI DURCHSCHNITTLICHEM FERNSEHKONSUM BIS ZUM 18. LEBENSJAHR SIEHT

Schlechte Laune ist Gift

Fußballweltmeisterschaft 2006 in Deutschland. München, 9. Juni. Eröffnungsfeier. 65 000 Menschen feiern ein buntes Fest und freuen sich auf das Eröffnungsspiel. Zu Recht? Von den Eröffnungsspielen der letzten zehn Weltmeisterschaften endeten vier 0 : 0, drei 1 : 0, nur ein einziges lieferte drei Tore. Die meisten Spiele waren laut den Urteilen der Experten enttäuschend langweilig und schlecht. Keine guten Voraussetzungen für einen rauschenden Fußballabend.

Doch dann: Deutschland gegen Costa Rica. Schon nach fünf Spielminuten das 1 : 0 für Deutschland, ein Rechtsschuss von Philip Lahm aus 20 Metern genau in den Winkel. Es geht Schlag auf Schlag. Am Ende gewinnt Deutschland 4 : 2. Nun – wer hat was gesehen?

Sechs Tore – das ist Wahnsinn! Die Deutschen haben sehr gut gespielt.«

Pelé, brasilianisches Fußball-Idol und Launologe

Klasse! Man bekommt nicht jeden Tag sechs Tore zu sehen.«

Eusebio, portugiesische Fußball-Legende und Launologe

Eine superstarke Leistung! Deutschland wird Weltmeister.«

Michael Stich, ehemaliger deutscher Tennis-Profi,
Wimbledonsieger 1991 und Launologe

Das Ergebnis ist okay, aber es war ein erschreckendes Spiel.«

Gerd Müller, Weltmeister 1974, kein Launologe

Schwächere Gegner als Costa Rica werden nicht mehr kommen.«

Lothar Matthäus, Weltmeister 1990, kein Launologe

Schlechte Laune ist ein Gift. Sie zerstört Ihre Seele, Ihren Geist und Ihren Körper. Wenig von dem, was Sie sich antun können, ist dauerhaft so schädigend wie Missmut und Freudlosigkeit, schlechte Laune und Pessimismus.

Betrachten wir die Basis, den Körper. Ist er ständig »sauer«, verschiebt sich sein ph-Wert dauerhaft in ein saures Milieu (chronische Übersäuerung). Die körpereigenen Puffer sind nicht in der Lage, dem permanenten Ansturm der H^+-Ionen standzuhalten. Also versucht der Körper, der sauren Last mit anderen Mitteln Herr zu werden: Zunächst macht er sich auf, mehr basische Reserven zu mobilisieren. Gewaltige 800 bis 1200 Gramm finden sich im Kalzium und Phosphor der Knochen, die dort stabilisierend und härtend wirken. Sie können als Ionen im Blut basisch, also gegenüber den erhöhten Säuregraden neutralisierend wirken, werden dann allerdings mit dem Urin ausgeschieden. Auf diese Weise geht schlicht Knochensubstanz verloren, und es kommt zur gefürchteten Osteoporose – eine Erkrankung, die sich gerade in unseren Breiten in den letzten zehn, fünfzehn Jahren rasant ausgebreitet hat.

Der Körper unseres chronisch Missmutigen versucht ferner, die Säuernis, die er nicht mehr ausgleichen kann, zu speichern. Hierfür nutzt er das Bindegewebe, das als Filtersystem und Wasserspeicher dient. Doch auch hier zeigt chronische Übersäuerung irgendwann Wirkung: Sind die Bindegewebsspeicher überlastet, werden auch Gelenke oder Muskeln als Speicher missbraucht. Die Folgen: Cellulite, Muskelschmerzen oder Gicht und der Einstieg in ein Sammelsurium diverser Krankheiten, die mittlerweile als Folge physiologisch wirkender innerer Zustände von der Psychosomatik identifiziert wurden: Magenschleimhautentzündung und Magengeschwüre mit reichlich Potenzial für jede denkbare Krankheitsform im Magen- und Darmbereich. Außerdem Asthma, diverse Hautkrankheiten, Potenzstörungen bis hin zur Impotenz. Muskelverhärtungen und Verspannungen mit Wirkungen auf Kopf, Nacken und/oder Rücken, und, und, und …

Doch neben dem Körper richtet sich auch unser Geist auf einen Dauerbetrieb schlechte Laune ein. Unser Gehirn funktioniert, vereinfacht gesagt, wie ein gigantischer Schaltkasten. Mit und in diesem Schaltkasten reagiert unser Gehirn permanent auf die scheinbaren oder tatsächlichen Anforderungen der Um- oder besser: Außenwelt. Das heißt, unser Verstand verarbeitet die Umweltreize, die uns über Augen, Ohren, Nase, Haut und Hände vermittelt werden, sortiert und bewertet sie. Die Art der Sortierung und Bewertung ist dabei von unseren vorangegangenen Erlebnissen in ähnlichen Situationen (Erfahrung), von unserem Erziehungsüberbau und den zur jeweiligen Situation bereits sonst gespeicherten Informationen abhängig.

Ein Beispiel: Sie gehen mit einem Bekannten spazieren und begegnen einem frei herumlaufenden Hund. Ihre Augen melden Ihnen lediglich: bewegliches Objekt, schwarz gefleckt, vier Beine. Ihre Ohren ergänzen: macht seltsame Luftgeräusche.

Ihr Gehirn gleicht diese Sinneseindrücke mit Erlerntem und Erfahrenem ab und macht daraus: ein Hund, hechelnd. Sofort setzt es diese Beobachtung in einen größeren Erfahrungskontext. Es fragt: Was habe ich zu *diesem* Hund gespeichert? Welche Erfahrungen habe ich mit Hunden im Allgemeinen und/oder diesem Hund im Speziellen schon gemacht? Wie reagiert der Hund jetzt? Wie reagiert mein Bekannter? Was an dieser Situation ist noch relevant? Welche Reaktions- und Verhaltensalternativen habe ich?

In Bruchteilen von Sekunden leistet Ihr Gehirn – automatisch und überwiegend unbewusst – diese Bewertungsarbeit. Kennen Sie den Hund und haben Sie sehr gute Erfahrungen mit ihm, etwa durch eigene, schöne Spaziergänge oder gemeinsames Spiel, schaltet es auf eine positive Annäherung und zum Beispiel auf »Freude«. Entsprechende Botenstoffe werden in Ihren Organismus entsandt und lösen die zugehörigen Gefühlszustände aus. Sie fühlen sich freudig gestimmt und sind bereit, die guten Erfahrungen – gut gestimmt – zu »wiederholen«.

Gleiches gilt, wenn Sie schlechte Erfahrungen mit dem Hund gemacht haben, etwa weil er Sie einmal gebissen hat. Jetzt schaltet Ihr Gehirn auf *Gefahr* und damit auf ein Flucht- oder Kampfprogramm um. Stresshormone werden ausgeschüttet, Blutdruck und Puls steigen, die Muskulatur wird in Alarmbereitschaft versetzt, Stoffwechsel und Atmung beschleunigen sich – es ist, als hätten Sie bei gleicher Geschwindigkeit nun einen Gang heraufgeschaltet, um besonders schnell agieren zu können.

Die Art der Bewertung Ihrer sinnlichen Wahrnehmung und daraus folgend Ihre Reaktion sind Ergebnis der bestehenden »Verschaltungen« und der (so auch) gespeicherten Erfahrungen in Ihrem Gehirn. Diese entstehen nicht als Kette unendlicher Zufälle, sondern sind davon abhängig, welche »Bewertungsarbeit« Sie zu Informationen und Erlebtem leisten und wie Sie diese Arbeit leisten. Das klassische Beispiel: ein zur Hälfte gefülltes Glas Wasser. Die Information »Wasser im Glas« baut Ihr Verstand automatisch aus den gegebenen Sinneseindrücken und dem bereits vorhandenen Wissen zusammen. Nun folgt unverzüglich eine umfassende und abschließende Bewertung dieser Information. Ist das Glas halb voll oder halb leer? Die Frage entscheidet sich anhand der »Verschaltungen« in Ihrem Gehirn. Ist diese Schaltung ausgerichtet auf

Wasserstand mittig im Glas = halb leer = nur noch wenig Wasser = schlecht = …,

werden Sie beim Anblick des Glases mehr oder minder in eine negative Stimmung kommen.

Lautet die Schaltung hingegen

Wasserstand mittig im Glas = halb voll = noch erheblicher Wasservorrat vorhanden = gut/beruhigend = positiv = …,

reagieren Sie schlussendlich mit einem guten Gefühl beim Anblick des gleichen Glases.

Physiologisch (körperlich) unbefriedigende Zustände führen nun dazu, dass sich Ihre Bewertungsmuster der »Säuernis«

entsprechend negativ einfärben. Sie verarbeiten Ihre Sinneseindrücke oder, mit anderen Worten, Sie »sehen« die Welt nicht rosarot, sondern zunehmend grau. Die Bewertungsleistung Ihres Verstandes verknüpft mehr und mehr Eindrücke zu negativen Erfahrungen, etwa

viele Menschen = Gedränge = kein Durchkommen = Verspätung = Ärger/Aggression

statt

viele Menschen = Geselligkeit = gute Stimmung = nette Bekanntschaften/Kontakte = Freude/Geborgenheit

Natürlich funktioniert dieser Prozess auch mit anderen Ausgangspunkten. Die übersäuerte Physis wirkt auf die Psyche, doch eine mit negativen Bildern belastete Psyche kann ebenso gut Ihr Gesamtsystem in Mitleidenschaft ziehen. Selten sehen Sie einen Menschen nach den täglichen Nachrichten aus »Tagesschau« oder »Heute« fröhlich lachen. Auch der Genuss von Tageszeitungen, Privatsendern oder Kontoauszügen ist selten dazu angetan, Heiterkeit auszulösen. So sterben in der durchschnittlichen Fernsehkarriere eines Heranwachsenden (bis zur Vollendung des 18. Lebensjahres) 30 000 Menschen; hinzu kommen 200 000 weitere TV-Gewalttaten (ohne Tote), dazu durchschnittlich 140 Stunden Pornografie, 3850 Euro Handykosten, 45 Prügeleien mit Gleichaltrigen und rund 11 Millionen Werbebotschaften.

Fortan ist diese »Bahn« in Ihnen gelegt, und wann immer Sie auf Menschenansammlungen treffen, gilt jedenfalls auch diese negative Bewertungskette, die die schlechte Laune nährt. So reihen sich mehr und mehr Bewertungsmuster aneinander, bis die Außenwelt überwiegend abgewertet oder negativ »gesehen« und das eigene Leben damit auch nur noch als

Hort des Negativen erlebt wird, was sogleich wieder auf ein Neues entsprechende »Verschaltungen« im Gehirn auslöst, die wiederum physiologische Reaktionen (Botenstoffe) nach sich ziehen, und so weiter, und so weiter …

Als Gegengift empfehlen wir Ihnen, sich das 4-Punkte-Programm vorzunehmen, um gewappnet zu sein, wenn eine giftige Nörgelnatter Sie ins Bein beißen will. Sicherlich haben Sie auch schon bemerkt, dass die Angriffe von Gewohnheitsnegaholikern ins Leere laufen, wenn Sie nicht darauf eingehen. Polen Sie sich um – und was einmal gelingt, wird Ihnen zur Gewohnheit werden. Lächeln Sie, statt sauer zu werden, und Sie haben die Schlacht schon gewonnen.

5

17 Prozent

ANTEIL DER DEUTSCHEN,
DIE MIT IHREM LEBEN SEHR ZUFRIEDEN SIND

Gefühlsterroristen und andere Launeverderber

Missmut wirkt schleichend, aber nachhaltig. Die »negativen« Schaltungen Ihres Gehirns verfestigen sich. Ihr Körper leidet. Ihre Seele nicht weniger. Was als Ereignis, Stimmung und/oder Laune begann, was sich in einem oder zwei trüben Wintern festsetzte, was erste Krisen auslöste, gewinnt an Dynamik. Gewohnte Aktivitäten lassen nach oder werden ganz eingestellt. Kontakte und Bekanntschaften erlahmen. Die körperliche und geistige Leistungsbereitschaft nimmt ab und infolgedessen auch die Leistungsfähigkeit. Fehler, Rückschläge und Misserfolge häufen sich. Ess- und Trinkgewohnheiten verändern sich. Fehlende Bewegung, verändertes Körpergefühl und geistige oder seelische Verarmung sollen mit zunehmendem Konsumverhalten oder Drogen kompensiert werden. Fernsehen und Computer ersetzen reale Lebens- und Beziehungswelten. Wirtschaftliche und finanzielle Probleme entstehen. Die Lebensperspektive sinkt. Depressive Symptome nehmen zu. Gefühle der Ohnmacht, Mutlosigkeit, Sinnleere, Einsamkeit zerfressen die letzten Reste von Selbstbewusstsein und Selbstwert. Am Ende bleibt ein Elend.

Das Tückische an chronischem Missmut und Übellaunigkeit ist nicht nur, dass sie uns erst spät und nur in der Rückmeldung unserer Umwelt bewusst werden, sondern vor allem, dass sie ansteckend wirken. Es ist eine schleichende Ansteckung. Sie kennen das Phänomen. Sie unterhalten sich mit einem bestimmten Menschen. Nach einer Zeit wird das Gespräch anstrengend. Sie schaffen es nur noch mit Mühe, zuzuhören. Sie möchten aufstehen und gehen. Als das Gespräch endet, viel zu spät, bleiben Sie erschöpft und missgelaunt zurück, ohne den Grund dafür zu kennen. Sie fühlen eine innere Leere. Vielleicht suchen Sie Trost, in einem Stück Kuchen, einem Drink oder irgendetwas anderem. Ihre psychischen Reserven sind angegriffen, Ihr Gesamtsystem ist angeschlagen.

Höchstwahrscheinlich sind Sie einem chronisch Missmutigen und/oder Depressiven begegnet. Sein innerer Zustand spiegelt sich in allem, was er tut, was er sagt, wie er es sagt. Seine Welt ist grau, tückisch und schlecht, voller Gefahren, Hindernisse und Dramen. Sein Handeln ist es auch. Überall wähnt er Schrecken und Verderben, Niederlagen, Boshaftigkeiten. Er ist ein emotionaler Umweltverschmutzer erster Güte, eine seelische Landmine und eine stete Bedrohung jedweder Form von Lebensfreude und Konstruktivität. Er ist gefährlich. Er hat es weit gebracht als Warner, Mahner, Problembeschreiber und Mängelverwalter. Seine warnende Stimme trifft und stimuliert die Ängste und Sorgen vieler, das macht ihn vielleicht sogar populär. Und jetzt steht er vor Ihnen, vielleicht vor Ihrem Schreibtisch, freundlich und als Negaholiker gut trainiert. Sie wollen, müssen ihm ebenso freundlich begegnen, und noch während Sie seine Hand schütteln, breitet sich das Elend schon um Sie herum aus, der Dunst des Missmuts und der Übellaunigkeit, getragen von einer unverhohlenen Ironie oder, noch drastischer, von einem zerstörerischen Sarkasmus, gegen den Sie nur mühsam anreden und noch viel schwieriger andenken und anempfinden können. Gefühlsterroristen sind weit verbreitet. Der gute Launologe erkennt sie sofort.

Es ist nicht leicht, sich vor den Ansteckungsgefahren des Missmuts und der Depression zu schützen. Der sicherste Weg ist angewandte Launologie, die immun macht gegen die vergiftende Wirkung der Depression und der schlechten Laune. Denn entspannte Heiterkeit ist das wirksamste Gegengift, das Antibiotikum der Seele, um den Gefühlsterroristen nicht nur Einhalt zu gebieten, sondern sie zurückzudrängen oder sie in ihrem Missmut zu isolieren. Das Grundprinzip ist schlicht. Identifizieren Sie den Übeltäter, wappnen Sie sich und versprühen Sie gezielt das Gegengift.

Nicht jede Begegnung mit einem Menschen muss unsere Stimmung heben oder auf launologisch hohem Niveau begleiten. Manchmal ist der Anlass unseres Zusammentreffens ein trauriger, manchmal sind wir müde oder aus anderen Gründen nicht in der Lage, uns auf den anderen positiv einzustellen. Manche Menschen erleben die Dinge aber einfach gänzlich anders als wir selbst. Wir berichten mit Begeisterung von unserer letzten Joggingrunde, die unser Gegenüber nur als monoton empfinden würde, oder unser Gegenüber jubiliert zur jüngsten Ausstellungseröffnung moderner Maler und Bildhauer, deren Werke uns allenfalls verstört zurücklassen. Menschen sind unterschiedlich, und so empfinden sie manchmal ein und dieselbe Situation aus ihren Persönlichkeiten heraus geradezu gegensätzlich – »zum Glück«, sagt der Launologe, »wie furchtbar«, sagt der Missmutige.

Führt die Begegnung mit einem Menschen aber regelmäßig dazu, dass wir uns anschließend schlechter als zuvor fühlen, haben wir es mit einem klassischen Gefühlsterroristen zu tun. Um ihn zu enttarnen, müssen Sie unbedingt aufmerksam in sich selbst hineinhören. Zieht Ärger in Ihnen auf, wenn Sie an die letzte Begegnung mit diesem Menschen denken? Gerät Ihr Magen in Bewegung, wenn er Ihnen begegnet? Versuchen Sie, ihm aus dem Weg zu gehen? Ist er vielleicht sogar vordergründig freundlich und nett zu Ihnen, sodass es Ihnen schwerfällt, sich von ihm abzugrenzen, ihm etwas abzuschlagen, ihm zu widersprechen? Nun, wenn dem so ist, brauchen Sie nicht an sich zu zweifeln. Die gefährlichen Gefühlsterroristen sind wie der Wolf im Schafspelz. Sie schleichen sich an unser Seelenleben heran, und wenn wir uns ihnen öffnen, lassen Sie die schmutzigen Bomben platzen.

Impfen Sie sich gegen die Missmutigen. Wenn Ihnen bewusst ist, dass Sie es bei Ihrem Gegenüber mit einem emotionalen Übeltäter zu tun haben, ist dies schon die halbe Miete. Gestalten Sie also diese Begegnung, wenn Sie sich ihr nicht entziehen können, aktiv. Schalten Sie innerlich auf *Terroristenalarm* um. Machen Sie sich klar, dass der Missmutige von Ihnen nicht zu ändern ist. Was auch immer ihn zu dem macht, was sich Ihnen zeigt: Verabschieden Sie sich von jedem Impuls, etwas daran ändern oder ihn von etwas Positivem überzeugen zu wollen. Und bringen Sie sich gezielt in Stellung: Um welches Thema wird es gehen? Welche scheinbaren Argumente, welche vermeintlichen Informationen werden wohl heute gestreut? Welches Elend, welche düstere

Geschichte tischt er oder sie Ihnen heute auf? Ziehen Sie, wenn Sie es vorher wissen, Ihre spezielle Terrorabwehrkleidung an, zum Beispiel ein bestimmtes Paar Schuhe oder ein Hemd, das Ihnen per se besonders gut gefällt und auf dessen positive Wirkung Sie vertrauen.

Dann überprüfen Sie Ihr launologisches Waffenarsenal, das Sie zu einem Terminator der Heiterkeit macht. Für die ersten kleinen Scharmützel genügt Ihnen konventionelles Verteidigungsgerät. Begegnen Sie dem Missmutigen und seinen Bewertungen und Kommentaren nur mit gezielten, sachlichen Fragen. Denn die Wirkung seines Auftritts lebt in hohem Maße vom Unausgesprochenen, vom Angedeuteten, vom scheinbaren Wissensvorsprung und von den emotionalen Tentakeln, die er nach Ihnen auswirft: Traurigkeit, Hilflosigkeit, vielleicht aber auch die Suche nach einer wichtigen Information oder einem Verbündeten für ein bestimmtes Vorhaben. Steigen Sie darauf ein, haben Sie verloren. Also halten Sie ihn sich mit den sogenannten offenen Fragen auf Distanz. Stellen Sie Fragen, die mit einem »W« (wer, wo, wann, wieso, welche) beginnen, aber niemals Fragen nach dem »Warum«. Wenn es sich nicht vermeiden lässt, fragen Sie stattdessen: »Aus welchem Grund …?« *Aha, wo genau liegt denn nun das Problem? Woraus schließen Sie das? Welche Informationen haben Sie zu diesem Punkt? Was erwarten Sie von mir?* – auf diese Weise wird die emotionale Wirkung seines Vorgehens gebrochen und/oder zurückgeworfen.

Im nächsten Schritt greifen Sie, wenn nötig, zu schwerem Gerät. Grundsätzlich bestehen mehrere Möglichkeiten: Entweder, Sie ziehen das Ganze auf eine andere gefühlsmäßige Ebene, etwa indem Sie sich Ihr Gegenüber bewusst als

Clown, Pappnase, Mickey Mouse oder Rumpelstilzchen vorstellen. Genießen Sie den Anblick, malen Sie ihn sich bei jeder Gelegenheit ausführlich aus und machen Sie so aus dem Missmutigen eine echte Belebung Ihres Lebens. Oder – launologisch ebenso wertvoll – steigen Sie aus der Situation aus: Lösen Sie sich innerlich aus der Gesprächssituation und treten Sie neben den Tisch. Machen Sie sich ein Bild der aktuellen Situation aus einer anderen Perspektive, indem Sie aus Ihrer momentanen Position heraustreten und ein wenig umherstreifen, um sich – gedanklich – das Gespräch aus anderer Richtung anzuschauen. Vielleicht stellen Sie sich sogar hinter den Missmutigen, um sich selbst mit ein paar Grimassen oder Gesten aufzumuntern!

Die Tiere im Wald betrinken sich jeden Abend völlig sinnlos. Jeden Abend steigt eine tolle Party. Am nächsten Tag geht es dann allen schlecht. Eines Abends sagt der Fuchs: »Tiere im Wald, so geht es nicht mehr weiter. Wir Tiere des Waldes sind ein Vorbild. Es geht nicht, dass wir immer total betrunken sind!« Also beschließen die Tiere, nichts mehr zu trinken.
Am nächsten Tag macht der Fuchs eine Kontrollrunde. Der Bär ist zwar etwas schlapp, das Eichhörnchen hüpft aber schon wieder herum. Allen geht es besser. Bis auf den Hasen. Der hängt hinter dem Baum und kotzt sich die Seele aus dem Leib, blau und völlig benommen.
Der Fuchs ist geschockt: »Hase! Wir Tiere des Waldes haben gesagt, wir trinken nichts mehr!«
Der Hase lallt: »Ja, es tut mir ja so leid, ich konnte nicht anders, da waren noch ein paar Reste da, die musste ich einfach trinken …«
»Na gut, heute lass ich dir das noch einmal durchgehen. Aber morgen fress ich dich, wenn du wieder betrunken bist!«
Am nächsten Tag macht der Fuchs wieder seine Runde.

Der Bär kommt ihm fröhlich singend entgegen, das Eichhörnchen sammelt fleißig Nüsse.
Nur der Hase fällt wieder aus der Rolle. Er liegt unter seinem Baum, die Löffel hängen herunter, die Augen sind blau umrandet. Der Hase ist apathisch und sternhagelvoll.
Der Fuchs ist sauer: »Verdammt, Hase!!! Wir Tiere vom Wald, wir wollten doch nichts mehr trinken!«
Der Hase entschuldigt sich wieder tausendfach. Der Fuchs bleibt milde: »Na gut, eine allerletzte Chance bekommst du noch. Aber morgen fress ich dich wirklich auf, wenn du wieder getrunken hast!«
Am nächsten Morgen macht der Fuchs erneut seine Runde.
Bär und Eichhörnchen geht es sehr gut. Dann kommt der Fuchs an den Baum, an dem der Hase normalerweise immer sitzt. Der Hase ist nicht da. Der Fuchs schaut sich um, dann geht er weiter. Er kommt an einen Teich. Ein kleines Stöckchen von einem Strohhalm steht aus dem Wasser und dreht sich leicht im Kreis. Der Fuchs zieht den Strohhalm heraus. An ihm hängt der Hase, schon wieder total voll, fast bewusstlos. Sagt der Fuchs: »Oh verdammt, Hase! Wir Tiere vom Wald, wir haben doch gesagt, wir trinken nichts mehr!«
Lallt der Hase: »Waa-haas IHR Tiere vom Wald macht, ist uuu-huuuns Fischen so was von scheißegaaal ...«

CHECKLISTE

Typologie unangenehmer Zeitgenossen

Die große Gruppe der Gefühlsterroristen in unterschiedliche Kategorien einzuteilen ist hilfreich, stößt verständlicherweise aber an diverse Grenzen. Im täglichen Schlachtgetümmel der Negativität geht eine Kategorie oft nahtlos in die nächste über. Gezielte Attacken auf die Gefühle nehmen wir erst bei näherem Hinsehen als Einzelmaßnahme oder gebündelte Aktionen wahr. Erschwerend kommt hinzu, dass die meisten Gefühlsterroristen umfangreich ausgebildet sind und auf eine breite Palette Hilfsmittel zurückgreifen können.

Typ 1 Der Brunnenvergifter

Der Brunnenvergifter zählt zu den passiven Strategen. Er übt seine Angriffe aus, indem er schlicht nichts tut – auch das nicht, was ihm aufgetragen wurde. Er sitzt alles aus und vergiftet durch beharrliche Arbeitsverweigerung jegliche Grundmotivation – ein Typus, der nicht selten in politischen Ämtern zu beobachten ist. »Hauptsache«, so beschreibt der Komiker Otto Waalkes den Brunnenvergifter, »ich komme gut rein, sitze fett drin und brauche so schnell nicht mehr hinaus.« Er ist unfähig zu einer Entscheidung und zögert dadurch jedwede Maßnahme oder Initiative hinaus.

Nach außen tritt er als schätzenswerter und angenehmer Zeitgenosse ins Rampenlicht. Er fühlt sich weder kompetent noch zuständig, will aber geliebt werden.

Sein Aussitzen ist eine gefährliche Waffe. Mit seiner Entscheidungsunfähigkeit stellt er Abhängigkeit her, sein Zaudern bremst jedes Team aus. Damit erreicht er das Gegenteil von dem, was er will – gefallen. Also bremst er weiter aus, drängt sich auf, verzögert und wird als zunehmend lästig erlebt. Er vergiftet mit seiner indifferenten Charakterschwäche die meisten Arbeits- und Lebenssituationen.

Was ihn fördert ...

Wer gegen den Brunnenvergifter antreten will, muss realisieren, dass er gegen einen Politprofi antritt. Wachsweiche Vereinbarungen und ungenaue Zeit- und Realisierungsabsprachen sind das Terrain, in dem er seine negative Grundhaltung ausleben kann. Freiraum und Unverbindlichkeit sind die Ziehväter seiner Macht. Selbst die kleinste Abhängigkeit von seiner Zuverlässigkeit kann Sie Kopf und Kragen kosten.

... und was ihn neutralisiert

Er fühlt sich besonders wohl, wenn er Ruhm und Ansehen in einer Rolle als »Frühstücksdirektor« wahrnehmen kann. Ganz im Sinne des Peter-Prinzips, nach dem jeder bis zu Stufe seiner maximalen Inkompetenz befördert wird, ist dieser Zustand bei ihm früh erreicht. Geben Sie ihm Gelegenheit zu glänzen und delegieren Sie wichtige Aufgaben an ihm vorbei. Sie müssen im Zweifelsfall mehrfach kontrollieren und weitere Kontrollmechanismen einbauen. Begrenzen Sie seinen Einflussbereich, indem Sie anderen Verantwortung übertragen.

Typ 2 Der Nahkämpfer

Dieser Typus ist jederzeit zum Kampf bereit. Er ist schlagfertig, stets bestens informiert und angriffslustig. Seine Grundhaltung ist: »Leg dich nicht mit mir an.« In jedem Gespräch muss er die Oberhand behalten. Er ist allwissend. Es gibt nur ihn als Experten. Er duldet keinen Widerspruch. Er liebt es, Sie im Gespräch bloßzustellen. Er kennt viele Mittel, seine Mitmenschen kleinzumachen. Wenn er sich einmal irrt, sind natürlich andere schuld.

Was ihn fördert ...

Als Platzhirsch liebt er den Kampf vor eindrucksvoller Kulisse. Bieten Sie ihm die Gelegenheit, so wird er sie mit großer Sicherheit nutzen. Er braucht Claqueure und Mitläufer, sie sind zahlreich in seiner Nähe. Frontkämpfer und Scharfschützen zählen nicht zu seinem Team. Aber er bietet ein gutes Feld für Denunziantentum. Meist hat er ein eher veränderungsresistentes Umfeld mit konservativen und überschaubaren Strukturen.

... und was ihn neutralisiert

Bieten Sie ihm so wenig Angriffsfläche wie möglich. Gehen Sie Streitigkeiten aus dem Weg und ignorieren Sie klare emotionale Kampfangebote. Bleiben Sie auf der Sachebene und vermeiden Sie den Einstieg in sein Spiel. Zynismus und verdeckte Botschaften sind fehl am Platz. Er beherrscht dieses Terrain weit besser als Sie. Sprechen Sie klare Regeln mit ihm ab. Er schätzt Zuverlässigkeit. Eine inhaltliche Unterstützung, die ihm nicht die Außenwirkung streitig macht, legt ihn an Ihre Kette.

Typ 3 Der Sprengstoffexperte

Der Sprengstoffexperte ist in allen Variationen des Gefühlsterrorismus geschult. Er ist der König der Verbalterroristen. Seine Waffe ist das Gespräch, die geschickte Denunziation, die fein platzierte, indiskrete Information und die Unschuld, mit der er Sie so richtig in die Pfanne haut. Er schießt nicht, wie der Heckenschütze, sondern wartet in sicherer Distanz, bis sein Sprengsatz explodiert. Er ist nie verantwortlich und lässt sich auf rein gar nichts festnageln.

Was ihn fördert ...

Oberflächlichkeit und Stressatmosphäre sind wie geschaffen für seine Spielchen. Er liebt das kurze Gespräch ohne jede Verbindlichkeit. Nebenbemerkungen und dramatische, inhaltsleere Andeutungen sind seine Stärke.

... und was ihn neutralisiert

Fragen Sie nach: »Wie meinen Sie das?«, »Wer genau hat das gesagt?«, »Liefern Sie Fakten!« Vermuten Sie immer eine »story behind the story«. Meistens können Sie durch ein »Stopp« und präzises Nachfragen ein erträgliches Maß an Verbindlichkeit erreichen, das Sie zumindest als willfähriges Opfer von gedankenlosem Gefühlsterror zukünftig verschont.

Typ 4 Der Frontkämpfer

Der Frontkämpfer, im Volksmund auch Feldwebel genannt, hasst Unklarheit, Ungewissheit und Zauderer. Als konservative Siedlernatur stemmt er sich gegen jede Veränderung. Die Vokabel »Changemanagement« löst bereits Unheil verkündenden Unmut in ihm aus. Es sei denn, er hat die Veränderung selbst angestoßen.

Seine Kollegen und Freunde nennen ihn den »Selbstgerechten«. Autoritär und aggressiv im Auftreten, ist seine

Gegenwart meist angstbesetzt und einschüchternd. Keiner wagt ein Widerwort. Komplexe Zusammenhänge sind ihm zuwider – ein Hinweis auf in ihm schlummernde Minderwertigkeitsgefühle.

Was ihn fördert ...

Wenn Sie in Gegenwart eines Frontkämpfers zum Duckmäuser werden, erreicht er sein Ziel. Und er lernt Sie als Opfer kennen. Also wird er Sie zukünftig noch mehr und wirkungsvoller demütigen. Auf keinen Fall sollten Sie ihm daher aus »Vernunft« aus dem Weg gehen. Das provoziert und bestätigt ihn nur noch mehr. Emotionale Flucht oder Ausbrüche sind genau das, was er als Nahrung braucht.

... und was ihn neutralisiert

Bleiben Sie ruhig in Ihrer Argumentation. Zeigen Sie Stärke und Souveränität, indem Sie auch seine Sichtweise akzeptieren und Verständnis für seine Meinung aufbringen. Gehen Sie nicht zum Gegenangriff über, gleich wie vernünftig Ihre und unvernünftig seine Standpunkte womöglich sind. Warten Sie im »Kriegsfall« darauf, dass er sich beruhigt, und geben Sie ihm Anerkennung. Dies ist der Stoff, den er dringend braucht. Sein labiles Selbstwertgefühl ist anfällig für jede Schmeichelei. Bleiben Sie auf Augenhöhe.

Typ 5 Der Heckenschütze

Der Heckenschütze ist im alltäglichen Erscheinungsbild und im kritischen Betrachtungsmuster nicht direkt sichtbar. Er greift aus dem Hinterhalt an, nicht frontal. Er schätzt es, seine Opfer länger zu beobachten, ihre Eigenheiten und damit ihre Verwundbarkeit zu erkennen. Er kann lange warten, um im richtigen Moment zuzuschlagen. Nach außen zeigt er sich verbindlich. Seine Waffen in der Konfliktsituation sind Sarkasmus, Erniedrigung und Gerüchte. Er giert nach den Schwächen der Freunde und Kollegen, nach Informationen und Gerüchten, um sie später – explosiv verfremdet – wieder auszustreuen.

Was ihn fördert ...

Nicht selten ist man von der Attacke aus dem Hinterhalt überrascht, vielleicht sogar »gelähmt«. Genau diese Wirkung will der Heckenschütze erzielen. Seien Sie wachsam. Er liebt unsichere und vorsichtige Menschen als Opfer.

... und was ihn neutralisiert

Seien Sie sich bewusst, dass er hinter Ihrem Rücken arbeitet und seine Attacken gut vorbereitet. Bieten Sie ihm wenig Angriffsfläche. Halten Sie ihn auf Distanz. Stellen Sie ihn – möglichst öffentlich – zur Rede, wenn Sie ihn als Querschläger enttarnt haben. Öffentlichkeit ist nicht sein Feld. Widerstand lässt sein Interesse erlahmen.

Typ 6 Der Denunziant

Durch seine Charaktereigenschaften und sein Sozialverhalten schafft der Denunziant ein Klima ständiger emotionaler Infektion, in dem er seinen Gefühlsterror auslebt und ausbreitet. Er lebt für die Beschädigung der anderen.

»Bei diesem Typen«, sagte kürzlich eine Seminarteilnehmerin, »wird mir körperlich schlecht. Er ekelt mich an.« Er lässt keine Gelegenheit aus, andere zu denunzieren, selbst dann, wenn es dem eigenen Vorteil nicht mehr dient.

Was ihn fördert ...

Der schlimmste Feind im ganzen Land – ist der Denunziant. Gleichgültigkeit und Egozentrik lassen ihn gedeihen. Wenn ihm niemand entgegentritt, treibt er sein Spiel ungebremst. Dabei erscheint er vor der Enttarnung sogar als besonders mitmenschenorientiert und hilfsbereit – zu seinem Vorteil und nur dann, wenn er einen deutlichen Nutzen davon hat. Das will erkannt werden.

... und was ihn neutralisiert

Sprechen Sie Klartext. Warten Sie auf einen günstigen Moment, um mit ihm ein Vier-Augen-Gespräch zu führen. Geben Sie ihm zu verstehen, was Sie von solchem Verhalten halten – nämlich gar nichts. Und geben Sie ihm auch zu verstehen, dass Sie sehr wohl bereit sind, für eine gesunde emotionale Umwelt und geeignetes Sozialverhalten offen einzutreten. Erläutern Sie ruhig die Konsequenzen, die Sie aus seinem Verhalten zu ziehen bereit sind, und richten Sie sich auf ein Intrigenspiel ein.

Wenn Sie sich in einem selbstkritischen Moment in einem der Launeverderber wiedererkennen, ist das noch lange kein Grund zur Panik. Im folgenden Teil kitzeln wir alles über Ihre Launen aus Ihnen heraus.

TEIL 3

Testen Sie Ihr Heiterkeitspotenzial!

1

Das Glück beruht oft nur auf dem Entschluß, glücklich zu sein.

LAWRENCE DURELL

Test 1: Wie negativ ist Ihr Selbstbild?

Selbsttests entsprechen zwar in der Regel nicht den Ansprüchen wissenschaftlicher Gründlichkeit, doch sind sie ein zuverlässiges Selbsterkenntnis-Instrument und können grobe Strömungen und Tendenzen ansatzweise einfangen.

Machen Sie alle vier Tests, auch dann, wenn Sie leicht verärgert das Gefühl haben, einige Fragen würden sich wiederholen. Das ist Absicht und soll verhindern, dass Sie sich in die eigene Tasche lügen. Nur so bekommen Sie ein komplexes Bild Ihrer Persönlichkeit und können am Ende entscheiden, ob Sie ein hoffnungsloser Fall sind oder ob nicht doch der Weg zur Launologie der richtige wäre.

Es ist schwer, ein negatives Selbstbild zu korrigieren. Kämpfen Sie vielleicht unbewußt jeden Tag gegen sich selbst, weil ihre »Ich-kann«-Persönlichkeit sich ständig gegen Ihre »Ich-kann-nicht«-Persönlichkeit zur Wehr setzen muss? Nach dem nachfolgenden Test von Cherie Carter-Scott, die den Begriff »Negaholiker« geprägt hat, wissen Sie etwas mehr über Ihre persönliche Disposition.

Nr.	Frage	JA	NEIN
1	Fällt es Ihnen manchmal schwer, morgens aufzustehen?		
2	Müssen Sie oft an die Niederlagen und Pleiten in Ihrem Leben denken?		
3	Ertappen Sie sich manchmal dabei, dass Sie sich auf das Schlimmste gefasst machen, damit Sie nicht enttäuscht werden?		
4	Beobachten Sie manchmal, wie Sie beim Hören von guten Nachrichten aus Angst vor den schlechten, die unweigerlich darauf folgen müssen, nervös werden?		
5	Beantworten Sie die Frage »Was wollen Sie?« oft mit »Ich weiß nicht!«?		
6	Antworten Sie oft mit »Egal«, wenn man Sie fragt, was Sie wollen?		
7	Ertappen Sie sich oft dabei, die Fehler, Versehen, Pannen und sonstigen Patzer in Ihrer Vergangenheit als Rechtfertigung dafür heranzuziehen, dass Sie kein neues Risiko eingehen?		
8	Wenn Sie sich irgendein großes Ziel vorstellen, hören Sie dann innere Stimmen, die Ihnen zuflüstern: »Das packst du nicht …« oder »Das schaffst du doch nie …«?		
9	Fällt es Ihnen schwer, sich für Ihre »Noch-zu-erledigen-Liste« zu begeistern?		
10	Grübeln Sie oft über Missgeschicke, die Sie »verbrochen« haben?		

Nr.	Frage	JA	NEIN
11	Ertappen Sie sich häufig dabei, dass Sie sich selbst dafür heruntermachen, wie Sie aussehen, wie Sie sich bewegen oder wie Sie sprechen?		
12	Verfügen Sie über Listen von Dingen, die Sie erledigen wollten, jedoch nicht geschafft haben, und die Sie deshalb gleichsam als Beweismaterial gegen sich selbst anwenden?		
13	Fällt es Ihnen schwer, Ihre Erfolge zu feiern?		
14	Wenn Sie anfangen, sich Ihre Ziele vorzustellen, hören Sie dann eine kleine Stimme, die sagt: »Für wen hältst du dich eigentlich?«		
15	Wenn Sie Komplimente von Freunden bekommen, gehen Sie darüber hinweg oder suchen Sie gar nach einem möglichen Hintergedanken?		
16	Wenn Sie in den Spiegel sehen, zählen Sie dann oft die grauen Haare und Falten?		
	Glauben Sie, Sie könnten jemals …		
17	… Ihre Traumwohnung finden?		
18	… Ihre Traumbeziehung realisieren?		
19	… so viel Geld verdienen, wie Sie wollen?		
20	… die Figur haben, die Sie sich wünschen?		
21	… eine Arbeit haben, die Ihnen Spaß macht, Sie befriedigt und erfüllt?		

Nr.	Frage	JA	NEIN
	Ärgern Sie sich oft über sich selbst, weil Sie …		
22	… zu viel Geld ausgegeben haben und/oder ein Geizhals sind?		
23	… zu viel essen?		
24	… zu viel trinken?		
25	… Zeit verplempern?		
	Fühlen Sie sich oft …		
26	… über sich oder andere verärgert?		
27	… ängstlich, aus spezifischem Anlass oder generell?		
28	… im Unklaren darüber, was Sie tun sollten?		
29	… deprimiert, wegen allem oder wegen nichts?		
30	… unschlüssig?		
31	… ungeduldig?		
32	… unsicher?		
33	… einsam?		
34	… reumütig?		
35	… unglücklich?		
36	… ungeliebt?		
37	… bekümmert?		
	Fühlen Sie sich selten …		
38	… ruhig?		
39	… fähig?		
40	… sicher?		
41	… kompetent?		

Nr.	Frage	JA	NEIN
42	… selbstbewusst?		
43	… begeistert?		
44	… glücklich?		
45	… freudig?		
46	… liebenswürdig?		
47	… optimistisch?		
48	… stark?		
49	… zufrieden?		
	Und:		
50	Rackern Sie sich ständig ab, ohne am Ende Ihrer Bemühungen ein Gefühl der Vollendung und Erfüllung zu haben?		

Um das Ausmaß Ihrer Abhängigkeit von negativen Denkmustern festzustellen, werten Sie Ihre Antworten folgendermaßen aus:

- Geben Sie sich 2 Punkte für jedes »Ja« auf die Fragen mit der Nummer 1–16,
- geben Sie sich 2 Punkte für jedes »Nein« auf die Fragen mit der Nummer 17–21,
- geben Sie sich 2 Punkte für jedes »Ja« auf die Frage 22–49,
- und falls Sie die Frage 50 mit »Ja« beantwortet haben, geben Sie sich weitere 2 Punkte.

Mein Punkte-Wert:

Auswertung

0 Punkte: Sie können sich zu Ihrem positiven Selbstbild und Ihrem hohen Selbstwertgefühl gratulieren und sich auf ein gesundes, erfülltes Leben freuen.

2–24 Punkte: Herzlichen Glückwunsch. Auch Sie müssen sich keine großen Sorgen machen. Ein bisschen Bestätigung und gutes Zureden von Ihnen selbst und von Ihren Lieben, und Sie kriegen das sehr gut hin.

26–40 Punkte: Ihr Leben könnte vielleicht eine noch positivere Stimmung vertragen. Wahrscheinlich bewegen Sie sich häufiger in einem negativen Umfeld. Bleiben Sie aufmerksam und beobachten Sie Ihr Umfeld kritisch. Wehret den Anfängen, ist die Devise. Lesen Sie die Hinweise und Verbesserungsvorschläge in diesem Buch sehr sorgfältig und Sie finden mit Sicherheit eine zufrieden stellende Lösung.

42–60 Punkte: Nehmen Sie Anzeichen für häufige schlechte Stimmungen nicht auf die leichte Schulter. Sie brauchen dringend positive Impulse, um dieser Situation abzuhelfen. Ein Schaubild an der Wand mit Sternchen und Aufklebern, Tagebuch-Schreiben, das Auflegen von Selbsthilfe-Kassetten zur Stärkung des positiven Selbstbildes beim Autofahren oder vor dem Zu-Bett-Gehen und zehn schriftliche Sätze lobender Selbstanerkennung pro Tag werden helfen, den guten Stimmungsanteil deutlich zu erhöhen.

62–80 Punkte: Ihr Punktwert lässt die Schlußfolgerung zu, dass Sie deutlich häufiger als andere Menschen und vor allem häufiger als notwendig, in eine negative Weltbetrachtung flüchten und sich selbst damit stimmungsmäßig ins Abseits manövrieren. Geben Sie sich und Ihrer Umwelt eine Chance und werden Sie aktiv. Kämpfen Sie mit Hilfe dieses Buches den inneren Schweinehund nieder und kultivieren Sie eine neu positive Lebensgrundhaltung. Schon kleine Schritte werden ihnen deutliche Hilfe aufzeigen. Denken Sie unbedingt an den Satz von Erich Kästner: »Es gibt nichts Gutes, außer man tut es!« Sie sollten dringend etwas tun.

82–100 Punkte: Sie sind auf dem Weg zum Negaholiker schon weit fortgeschritten und bereits Profi! Sie müssen sich das leider anerkennen und täglich Maßnahmen ergreifen, um dieser starken Tendenz beizukommen. Sie ist inzwischen mächtiger als Sie selbst. Die Negativität ist vermutlich dermaßen subtil, dass Sie sie kaum noch bemerken; Ihre Gedanken und Ihre Gefühle sind davon völlig beherrscht. Sie brauchen ein festes Programm, mit dessen Hilfe Sie Ihre positiven Ressourcen reaktivieren können. Lesen Sie dieses Buch und werden Sie aktiv. Fangen Sie sofort damit an! Ein völlig neues Leben erwartet Sie! Es könnte sich auch lohnen, fremde Hilfe in Anspruch zu nehmen.

2

Fragwürdig ist,
wie alles, was wir treiben,
auch die Selbstkritik.

MAX FRISCH

Test: Heiter oder wolkig – was für ein Typ sind Sie?

Eine heitere Lebensführung bedeutet nicht, ständig wie ein Karnevalsjeck mit antrainierter guter Laune und einem breiten Grinsen durch das Leben zu ziehen. Es bedeutet auch nicht, die traurigen, beängstigenden, zerstörenden oder destruktiven Seiten des Lebens zu negieren und allein im Hedonismus Lebensinhalte und -ziele zu erkennen. Im Gegenteil, Heiterkeit der Lebensführung ist erst da möglich, wo wir das Leben in seinen Komplementären erkennen und die Gegensatzpaare respektieren, die ein körperlich, geistig und seelisch ausgefülltes Leben ausmachen: Körperliche Bewegung ist nur zu einem statischen, einem unbeweglichen Bezugspunkt möglich – wenn Sie joggen, muss die Straße unter Ihnen ruhen, sonst kommen Sie nicht vorwärts. Geistige Leistung, etwa eine besondere Erfindung, setzt viele erfolglose Versuche und eine Gegenprobe voraus – Sie müssen sich verrechnen, um später sicher sein zu können, dass ein Ergebnis stimmt. Und erst recht sind bestimmte seelische Zustände nur möglich, wenn wir das exakte Gegenteil zu diesem Zustand schon erlebt haben: keine Freude ohne die Kenntnis der Trauer, keine

Zuversicht ohne das Wissen um das Gefühl der Mutlosigkeit, keine Heiterkeit ohne die Erfahrung, was Missmut ist und was er mit uns (und unserer Umwelt) macht. Weise können wir nur sein, wenn wir viele dumme Dinge hinter uns gebracht haben, stark nur da, wo wir immer schon unsere Schwächen hatten.

Wenn Sie ein Launologe werden wollen, nehmen Sie sich einen Moment Zeit und überprüfen Sie, ob Sie diesen Aussagen zustimmen können:

Aussage 1: Ich will ein gesundes Leben führen.
Aussage 2: Ich will ein selbstbestimmtes Leben führen.
Aussage 3: Ich will ein heiteres Leben führen.
Aussage 4: Balance wird mir wichtig sein.
Aussage 5: Ich will meine eigenen Entscheidungen treffen.
Aussage 6: Ich will der Herr meiner Taten, Worte und Gefühle sein.

Vielleicht bleibt Ihnen zu der einen oder anderen Aussage die Frage: Wie stelle ich das an? Wir werden Ihnen hierauf antworten. Wesentlich ist aber zunächst, dass Sie zu den einzelnen Aussagen eine wirklich kritische Bestandsaufnahme machen, auch wenn es möglicherweise ausgesprochen einfach klingt: *Ein gesundes Leben? Nun,* werden Sie denken, *wer will das nicht? Eine ganze Menge Menschen*, lautet die Antwort, denn Krankheit kann ausgesprochen hilfreich oder nützlich sein. Krankheit kann Anteilnahme, Mitleid, Schonung oder Fürsorge bedeuten. Jeder von uns war schon einmal »krank«, ohne körperlich tatsächlich ernsthafte Symptome zu zeigen, etwa um der Klassenarbeit, dem Montagmorgen-Appell, dem Personalgespräch oder der ungeliebten privaten Verpflichtung auszuweichen. Krankheit bedeutet nicht selten eine veränderte, rücksichtsvollere Form des Umgangs, bedeutet unter Umständen Befreiung von Verpflichtung, mildernde Umstände. Wollen Sie ernsthaft darauf verzichten? Können Sie sich vorstellen, all dies aufzugeben, um in voller Verantwortung gerade den Dingen zu begegnen, die manchmal hinter oder unter Ihrer »Krankheit« verschwanden?

Sind Sie ein eher heiterer oder ernster Mensch? Um das herauszufinden, beziehen sich die folgenden Aussagen auf Ihre allgemeinen Ansichten und Stimmungen. Versuchen Sie dabei, Ihre üblichen Verhaltensweisen und Einstellungen so gut wie möglich zu beschreiben, indem Sie eine der vier Antwortmöglichkeiten ankreuzen.
Die vier Alternativen lauten:

- trifft gar nicht zu
- trifft nur wenig zu
- trifft etwas zu
- trifft sehr zu

Beispiel: *Ich bin ein aktiver Mensch.*
Wenn diese Aussage Sie sehr treffend beschreibt – und Sie im Allgemeinen ein aktiver Mensch sind –, markieren Sie »trifft sehr zu«. Trifft diese Aussage dagegen auf Sie überhaupt nicht zu, dann kreuzen Sie »trifft gar nicht zu« an. Sollten Sie einmal Schwierigkeiten haben, zu einer Frage Ihre Antwort zu finden, kreuzen Sie die am ehesten zutreffende an.

Entspannen Sie sich und beantworten Sie im Folgenden bitte alle Fragen:

	A-WERT	Trifft gar nicht zu	Trifft wenig zu	Trifft etwas zu	Trifft sehr zu
1	Auch schwierige Situationen gehe ich leichten Herzens an.				
2	Mein Alltag bietet mir oft Anlass zum Lachen.				
3	Ich lächle häufig.				
4	Die gute Laune anderer wirkt ansteckend auf mich.				
5	Die kleinen Dinge des Alltags finde ich oft komisch und erheiternd.				
6	Ich gehe unbeschwert durchs Leben.				
7	Ich bin oft in heiterer Stimmung.				
8	Ich bin ein fröhlicher Typ.				
9	Es fällt mir leicht, gute Laune zu verbreiten.				
10	Ich lache gerne und viel.				
11	Ich unterhalte meine Freunde gerne mit lustigen Geschichten.				
12	Lachen wirkt auf mich sehr ansteckend.				
13	Ich bin ein lustiger Mensch.				
	Übertrag				

	A-WERT	**Trifft gar nicht zu**	**Trifft wenig zu**	**Trifft etwas zu**	**Trifft sehr zu**
	Übertrag				
14	Ich habe die Erfahrung gemacht, dass an dem Sprichwort »Lachen ist die beste Medizin« wirklich etwas dran ist.				
15	Ich bin ein heiterer Mensch.				
16	Ich bin leicht zum Lachen zu bringen.				
17	Ich nehme die Dinge, wie sie kommen.				
18	Ich bin häufig in einer vergnügten Stimmung,				
19	Ich habe ein sonniges Gemüt.				
20	Die kleinen Missgeschicke des Alltags finde ich oft amüsant, selbst wenn sie mich betreffen				
	Summe				
	Multiplikation	x 1	x 2	x 3	x 4
	Spaltensumme				
	Gesamtsumme A:				

	B-WERT	Trifft gar nicht zu	Trifft wenig zu	Trifft etwas zu	Trifft sehr zu
1	Im Gespräch vermeide ich bewusst Übertreibungen, Ausschmückungen oder Doppeldeutigkeiten, da sie nichts zur Aussage beitragen.				
2	Ich tue selten etwas ohne vernünftigen Grund.				
3	Ich neige nur selten zur Oberflächlichkeit.				
4	Ich bin ein ernster Mensch.				
5	Die meisten meiner Freunde sind eher ernst und nachdenklich.				
6	Ich bin auf größtmögliche Korrektheit bedacht.				
7	Auch wenn man leicht als »humorlos« gilt: Die trivialen und kindischen Dinge, welche andere Leute erheitern, kann man nur ablehnen.				
8	Ich neige dazu, weit im Voraus zu planen und mir langfristige Ziele zu stecken.				
	Übertrag				

	B-WERT	Trifft gar nicht zu	Trifft wenig zu	Trifft etwas zu	Trifft sehr zu
	Übertrag				
9	Bei allem, was ich tue, bedenke ich stets die möglichen Folgen und vergleiche alle möglichen Vor- und Nachteile sorgfältig.				
10	Alltägliche Situationen nehme ich fast genauso wichtig wie außergewöhnliche Angelegenheiten.				
11	Einer meiner Grundsätze lautet: »Erst die Arbeit, dann das Vergnügen!«				
12	Im Kontakt mit anderen fällt mir immer wieder auf, dass ich viel gründlicher über verschiedene Sachen nachgedacht habe.				
13	Da Entscheidungen Konsequenzen nach sich ziehen, vermeide ich es, Angelegenheiten oberflächlich zu behandeln oder leichtfertige Entschlüsse zu fassen.				
	Übertrag				

	B-WERT	Trifft gar nicht zu	Trifft wenig zu	Trifft etwas zu	Trifft sehr zu
	Übertrag				
14	Ich versuche mich in meiner Freizeit möglichst sinnvoll zu beschäftigen.				
15	Auch scheinbare Kleinigkeiten bedürfen einer ernsthaften und verantwortungsvollen Behandlung.				
16	Ich begebe mich nur ungern in die Gesellschaft von Leuten, die ständig herumalbern und ausgelassen-fröhlich sind.				
17	Auch unter fröhlichen Menschen versuche ich eher, ein vernünftiges, sachliches Gespräch zu führen, als mich an den Späßen der anderen zu beteiligen.				
18	Ich tue nur Dinge, die einen gewissen Sinn ergeben; alles andere ist Zeitverschwendung und zwecklos.				
	Übertrag				

	B-WERT	Trifft gar nicht zu	Trifft wenig zu	Trifft etwas zu	Trifft sehr zu
	Übertrag				
19	Ich mag Menschen, die Überlegung und Sachlichkeit ausstrahlen.				
20	Im Kontakt mit anderen Menschen bin ich immer um einen sachlich-nüchternen Gedankenaustausch bemüht.				
	Summe				
	Multiplikation	x 1	x 2	x 3	x 4
	Spaltensumme				
	Gesamtsumme B:				

Mein A-Wert: ______ Punkte

Mein B-Wert: ______ Punkte

Auswertung

I. Der A-Wert

Der A-Wert zeigt Ihnen, welcher Humor- oder Heiterkeits-Typ Sie sind:

Bis 50 Punkte: »Der Trockene«

Den heiteren Seiten des Lebens verschließen Sie sich häufig. Entspannen Sie sich und lassen Sie auch einmal »Fünf gerade sein«.

51–60 Punkte: »Der Lächelnde«

Witzige Situationen erfreuen Sie, Humor ist für Sie kein Fremdwort. Ihren Sinn für das Heitere sollten Sie dennoch trainieren. Vielleicht können Sie bei sich selbst anfangen ...?

61–70 Punkte: »Der Fröhliche«

Sie sind ein extrovertierter Typ, anderen gegenüber offen, zu Späßen aufgelegt und unterhaltsam. Heiter gestimmt wissen Sie, dass das Leben mit Witz und ein wenig Ironie nicht schwerer wird. Allerdings lassen Sie sich in den weniger erfreulichen Situationen mitunter zu schnell die Laune verderben.

71–80 Punkte: »Der Heitere«

Sie haben einen ausgeprägten Sinn für das Positive vieler Lebenssituationen, gelten als das Gegenteil eines humorlosen Misanthropen und reagieren als geselliger Mensch auf andere im besten Sinne warmherzig, mit viel Verständnis und Humor. Sie nehmen sich nicht zu ernst und können so mit den Problemen Ihres Lebens meist gelassen umgehen. Glückwunsch!

II. Der B-Wert

Dieser Wert signalisiert, welche Rolle Ernsthaftigkeit in Ihrem Leben spielt:

Bis 40 Punkte: »Der Nachlässige«

Ihre Stärke ist vermutlich die Flexibilität – manchmal sollten Sie sich aber ehrlich fragen, ob Sie bei aller Schlitzohrigkeit nicht ab und an einfach nur unzuverlässig sind.

41–60 Punkte: »Der Sachliche«

Ihre Freunde schätzen Ihre Zuverlässigkeit und Ihre Fähigkeit zur nüchternen und sachlichen Betrachtung. Humorvolle Zwischentöne fallen Ihnen wahrscheinlich eher schwer. Zwischenmenschliche Kompetenz lässt sich aber antrainieren.

61–80 Punkte: »Der Bierernste«

Vermutlich ist Ihnen ihre ernsthafte Lebensgrundhaltung bewusst. Sie zählen zu dem Anteil der Menschen, der seinen Fokus auf calvinistische Grundtugenden richtet und den Spaß und die Heiterkeit weniger wertschätzt. Launologisch betrachtet eine eher bedenkliche Einengung auf die ernste Seite des Lebens. Bemühen Sie sich daher um eine Erweiterung durch die Anleitungen in diesem Buch.

3

Frohsinn und Zufriedenheit sind große Verschönerer und berühmte Pfleger von jugendlichem Aussehen.

CHARLES DICKENS

Test: Wie zufrieden sind Sie – mit sich und Ihrem Leben?

Schauen Sie morgens in U-Bahnen, Nahverkehrszügen, Fußgängerzonen oder Bürohäusern forschend in die Gesichter der Mitmenschen – und Sie werden wenige Signale von Zufriedenheit in der Mimik erkennen. Lauschen Sie den Gesprächen in den Cafés, Aufzügen und bei gesellschaftlichen Anlässen – und Sie bekommen den Eindruck, kaum einer Ihrer Mitmenschen sei mit seinem Leben zufrieden.

Zufriedenheit ist ein emotionaler Zustand des Menschen, in dem seine Bedürfnisse von ihm als befriedigt angesehen werden.

Der *Duden* definiert zufrieden als

a) innerlich ausgeglichen und nichts anderes verlangend als man hat und/oder

b) mit den gegebenen Verhältnissen, Leistungen o. Ä. einverstanden, nichts auszusetzen habend.

Lebenszufriedenheit steht in direkter Beziehung und Abhängigkeit zu unseren inneren Antrieben und deren individuellen Verteilung und Ausprägung, die ähnlich der Einmaligkeit unseres Fingerabdruckes, Ausdruck unserer motivationalen Einzigartigkeit ist. Folglich ist diese Lebenszufriedenheit damit in direkter Konsequenz abhängig von der Selbstreflektionsfähigkeit und der genauen Kenntnis des persönlichen Antriebsprofils. Dieses Profil ist laut gesicherten Erkenntnissen moderner Psychologie und Sozialwissenschaft bei jedem Menschen zumindest graduell verschieden. Lebenszufriedenheit ist daher ausschließlich individuell. Gleichwohl wird sie in unseren Breiten häufig pauschalierend mit materiellem Wohlstand, Erfolg, finanzieller Unabhängigkeit und/oder Status gleichgesetzt.

Bereits Plutarch schrieb unter der »Unstillbarkeit des Verlangens«: Wer reich ist, macht sich darum nicht weniger aus dem Reichtum, und wer Überflüssiges besitzt, verliert keineswegs das Bedürfnis nach Überflüssigem. Von welchem Übel also befreit der Reichtum, wenn nicht einmal vom Hang zum Reichtum? Das ist beim Trinken und Essen anders: Getränk löscht das Begehren nach Getränk, Nahrung stillt das Verlangen nach Nahrung. Den Drang nach Geld aber stillt weder Silber noch Gold, und das »Mehrhabenwollen« hört mit dem Mehrerwerb nicht auf.

Ein materielle, existenzielle Bedrohung vermeidender Wohlstand ist eine notwendige, aber keine hinreichende Bedingung für Wohlbefinden und Zufriedenheit. Ganz im Gegenteil: Eine einseitige materielle Orientierung ist nicht selten Ausdruck fremdgesteuerter Bedürfnisse, tiefer Frustration im Hinblick auf die eigenen Lebenswünsche, Ablenkung oder

Verdrängung. Unserer inneren Zufriedenheit und Lebensbalance steht sie so entgegen.

Und denken Sie immer daran: Sie sind ein Vorbild. Vergessen Sie nicht, dass Sie das Leben Ihres Partners und vor allem, sollten Sie welche haben, Ihrer Kinder mehr prägen als irgendein anderer Mensch. Ihr launologisches Potenzial ist damit Vorbild und Gradmesser zugleich. Schaffen Sie es, die Welt als attraktiven, spannenden, herausfordernden Ort zu begreifen und zu erleben, werden Ihre Kinder dem höchstwahrscheinlich folgen und als stabile, selbstbewusste, offene und zuversichtliche Menschen auch durch die schwierigeren Phasen ihres Lebens schreiten.
Neigen Sie hingegen zu häufigem Missmut, zu Zorn, Neid und/oder Depression, nehmen Ihre Kinder eine schwere Hypothek mit auf den Weg.
Überlassen Sie Ihre Laune also nicht länger sich selbst.

Bewerten Sie bitte daher nun die Gültigkeit der folgenden sieben Aussagen auf der nächsten Seite auf einer Skala von 1 bis 7:

1 = absolut nicht zutreffend
2 = nicht zutreffend
3 = teilweise zutreffend
4 = teils/teils
5 = teilweise zutreffend
6 = zutreffend
7 = sehr zutreffend

	1	2	3	4	5	6	7
1. Aussage: Ich könnte mir kein besseres Leben vorstellen.							
2. Aussage: Für ein glückliches Leben habe ich optimale Bedingungen.							
3. Aussage: Alle Wünsche und Träume konnte ich mir bisher erfüllen.							
4. Aussage: Ich wüsste nicht, was ich an meinem Leben ändern sollte.							
5. Aussage: Ich bin mit meinem Leben zufrieden.							
6. Aussage: Ich möchte unbedingt so weiterleben.							
7. Aussage: Es gibt keinen Grund, mein Leben zu ändern.							

Meine Punkte:

Auswertung

49–43 Punkte: Sie sind **äußerst zufrieden** mit Ihrem Leben.

42–36 Punkte: Sie sind mit Ihrem Leben **zufrieden**.

35–29 Punkte: Sie sind noch **ziemlich zufrieden** mit Ihrem Leben.

28–22 Punkte: Sie sind mit Ihrem Leben **teils zufrieden, teils unzufrieden**.

21–16 Punkte: Sie sind mit Ihrem Leben **leicht unzufrieden**.

15–10 Punkte: Sie sind **unzufrieden** mit Ihrem Leben.

9–5 Punkte: Sie sind **extrem unzufrieden** mit Ihrem Leben.

Herzlichen Glückwunsch, wenn Sie zu den Menschen gehören, die mit ihren Lebensumständen zufrieden sind. Freuen Sie sich auf viele gute Denkanstöße, die Ihnen helfen können, die Zufriedenheit weiter zu stärken und zu erhalten.

Herzlichen Glückwunsch aber auch, wenn Sie zu der Gruppe von Menschen gehören, die mit ihrem Leben nicht zufrieden sind. Jetzt haben Sie die Gelegenheit, die Zusammenhänge von Lebensglück, Lebenskunst und Lebensmotiven zu erfahren, um zügig das »Tal der Tränen« zu verlassen.

4

Der Tag, an dem Du einen
Entschluss fast, ist ein Glückstag.

JAPANISCHES SPRICHWORT

Test: Wie gehen Sie mit Ihren Stimmungen um?

Wie unterschiedlich Menschen ihr Gemütsleben bearbeiten, lässt sich in drei Kategorien einteilen: hedonistisch, belastungssteigernd oder emotionsabschwächend.

Die normale und häufigste Reaktion bei Menschen in schlechter Laune ist es, so schnell als möglich in eine positive Stimmung zu kommen und in dieser guten Stimmung zu bleiben. Psychologen nennen dies die *hedonistische Regulation*. Hedonistische Menschen investieren viel, um – salopp gesprochen – »gut drauf« zu sein. Sie bleiben entspannt, wenn gute Laune eine Zeit lang auf sich warten lässt. Sie »fressen« schlechte Stimmung nicht in sich hinein, sondern suchen auch in schwierigen Lebenssituationen Kontakt zu ihren Mitmenschen. Sie finden regelmäßig Lösungswege, die eigene Laune gezielt zu verbessern.

»Nach unseren Forschungsergebnissen«, sagt Changiz Mohiyeddini, renommierter Stimmungsforscher aus den USA, »sind dies die Personen mit den niedrigsten Depressionswerten und der höchsten Lebens-, Partnerschafts- und Arbeitszufriedenheit. Sie laufen kaum Gefahr, dauerhaft schlechter

Stimmung zu sein. Gute Laune ist bei den meisten von ihnen stets in Sichtweite.«

Anders hingegen ergeht es Menschen, die zu *belastungssteigernder Regulation* neigen. Registrieren sie, dass es ihnen schlecht geht, versuchen sie diesen Zustand sogar noch zu steigern. Vermutlich kommen diese Menschen mit schlechter Stimmung besser zurecht, wenn sie in ihrer negativen Stimmung nach weiteren Gründen für Miesepetrigkeit fahnden können, um die Dissonanz zu ihrer besser »gelaunten« Umgebung auflösen zu können. So fühlen sich solche Menschen scheinbar paradoxerweise besser, wenn das Wetter schlecht ist.

W. Gerrod Parrott von der Georgetown University in Washington hat solche Situationen aufgelistet. Er erläutert, dass es sogar vernünftige Gründe geben kann, sich etwas schlechter zu fühlen: Eine leicht negative Stimmung verbessert unser rationales Urteilsvermögen; wir sind dann skeptischer, vorsichtiger und abwägender und können – etwa bei geschäftlichen Verhandlungen – klüger entscheiden. Wir sind konzentrierter und lassen uns weniger leicht ablenken. Gleichzeitig wirken wir als Skeptiker seriöser als die »happy people«, was in verschiedenen Gesprächssituationen – etwa anlässlich eines Vorstellungsgesprächs – wichtig sein kann.

Wer unglücklich wirkt, weckt keine Neidgefühle. Andererseits weckt gerade Traurigkeit Beschützerinstinkte unserer Mitmenschen und appelliert an die Helferpersönlichkeiten.

Diese Allianzen mit der emotionalen Schattenwelt müssen allerdings teuer bezahlt werden. Menschen mit belastungssteigernder Regulation neigen zu hohen Neurotizismus-

und Depressivitätswerten. Selbstgefühle wie Selbstwert und Selbstsicherheit sowie das Selbstbewusstsein sind unterdurchschnittlich niedrig.

Solchen emotionalen »Gefahren« möchte sich der dritte Typ mit einer *Tendenz zur emotionsabschwächenden Regulation* erst gar nicht stellen. Er versucht, sein Leben und seine Gefühle zu dämpfen und die emotionale Bedeutung von Stimmungen herunterzuspielen. Seine Standard-Redemetaphern sind: »Wem es zu gut geht, der geht aufs Eis«, »Zu früh gefreut hat stets gereut«, »Abgerechnet wird am Ende« oder »Wer zuletzt lacht, lacht am besten«.

Menschen mit einer Tendenz zur emotionsabschwächenden Regulation wollen sich nicht zu früh freuen oder – womöglich unberechtigt – wohlfühlen. Sie versuchen daher, emotionale Bedeutungen zu minimieren. Damit schützen sie sich vor übermäßigem, also schwierig zu handhabendem Leid, sind aber auch bei der Lebensfreude ein Stück außen vor.

Auch dieser Reaktionsstil hat seine Vorteile, besonders bei älteren Menschen. Mit zunehmendem Alter neigen Menschen zu einer abschwächenden Regulation der Stimmungen, um allzu intensive Gemütslagen abzufedern und damit der Gefahr von Uberforderungen im Positiven wie im Negativen zu entgehen. Beängstigende Körperreaktionen wie Muskelanspannungen und erhöhter Herzrhythmus werden so deutlich gedämpft.

Jeder der Stimmungssteuerungsstile hat folglich eine innere Berechtigung. Stimmungsforscher fanden zudem heraus, dass Frauen eine stärkere Ausprägung auf der hedonistischen und der belastungssteigernden Skala haben, während Männer sich anscheinend angewöhnt haben, lästige Emotionen rechtzeitig zu kontrollieren.

Machen Sie hierzu folgenden Test zur Regulation von Emotionen. Bitte beantworten Sie die Fragen spontan. Es gibt keine richtige oder falsche Antwort.

Stellen Sie sich mal vor, es geht Ihnen gefühlsmäßig **GUT**. Wie gehen Sie in solchen Situationen mit Ihren Gefühlen um?		**Fast nie 1**	**Selten 2**	**Manchmal 3**	**Oft 4**	**Sehr oft 5**	**Immer 6**
1	Ich versuche, meine Gefühle zu dämpfen, um nicht übermütig zu werden.						
2	Ich lasse meinen Gefühlen freien Lauf.						
3	Mir kommen Gedanken an ähnliche angenehme Situationen in den Kopf.						
4	Ich versuche, meine Stimmung zu heben, indem ich an etwas Angenehmes denke.						
5	Ich versuche, meine Gefühle abzuschwächen, um nicht aus der Haut zu fahren.						

Stellen Sie sich mal vor,es geht Ihnen gefühlsmäßig **SCHLECHT.** Wie gehen Sie in solchen Situationen mit Ihren Gefühlen um?		**Fast nie 1**	**Selten 2**	**Manch-mal 3**	**Oft 4**	**Sehr oft 5**	**Immer 6**
6	In mir werden Erinnerungen an unangenehme Erlebnisse wach.						
7	Ich versuche, meine Gefühle abzu-schwächen, damit ich mit meiner schlechten Laune niemanden belaste.						
8	Ich versuche, meine Gefühle zu vertiefen.						
9	Ich lasse meinen Gefühlen freien Lauf.						
10	Mir kommen Gedan-ken an ähnliche un-angenehme Situa-tionen in den Kopf.						
11	Ich suche Situatio-nen auf, die mich fröhlich stimmen.						
12	Ich versuche, meine Gefühle zu mäßigen, um mich angemes-sen zu verhalten.						

Bitte tragen Sie nun Ihre angekreuzten Werte nach der Multiplikation mit der Zahl in der Kopfzeile des vorangegangenen Tests in die Kästchen der nächsten Tabelle ein und addieren Sie die jeweilige Zeilensumme. So erhalten Sie Ihren Regulationswert.

Hedonistische Regulation	Summe aus Frage	2	3	4	11	Gesamtsumme
Belastungssteigernde Regulation	Summe aus Frage	6	8	9	10	
Emotionsabschwächende Regulation	Summe aus Frage	1	5	7	12	

Auswertung

Hedonistische Regulation

Extrem schwache Ausprägung: kleiner als 7

Schwache Ausprägung: 7 bis 9

Normale Ausprägung: 10 bis 16

Starke Ausprägung: 17 bis 19

Extrem starke Ausprägung: größer als 19

Belastungssteigernde Regulation

Extrem schwache Ausprägung: kleiner als 6

Schwache Ausprägung: 6 bis 8

Normale Ausprägung: 9 bis 15

Starke Ausprägung: 16 bis 18

Extrem starke Ausprägung: größer als 18

Emotionsabschwächende Regulation

Extrem schwache Ausprägung: kleiner als 6

Schwache Ausprägung: 6 bis 8

Normale Ausprägung: 9 bis 15

Starke Ausprägung: 16 bis 18

Extrem starke Ausprägung: größer als 18

TEIL 4

Angewandte Launologie – Zehn Schritte in ein heiteres Leben

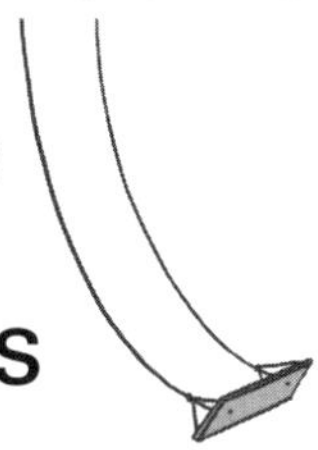

1

Voller Sehnsucht schaut der,
der ich bin, auf den,
der ich gerne wäre.

HANS MAGNUS ENZENSBERGER

Schritte 1 bis 3: Launologischer Check-up

Ein kritischer Zeitgeist wollte einen Launolytiker (einen Ausbilder der Launologie) aufs Glatteis führen. Darum fragte er ihn: »Sagen Sie, verehrter Launolytiker, drei Fragen beschäftigen mich sehr. Erstens: Wer ist der wichtigste Mensch in meinem Leben? Zweitens: Was ist der wichtigste Moment in meinem Leben? Und drittens: Was ist das Wichtigste, was ich in meinem Leben zu tun habe? Wissen Sie die Antworten?«

Der Launolytiker antwortete: »Selbstverständlich. Der wichtigste Mensch ist stets der, der vor Ihnen steht, der wichtigste Moment der, in dem Sie leben, und die wichtigste Tat in Ihrem Leben ist die Liebe.«

Da zog der Zeitgeist enttäuscht von dannen.

Damit es nicht zu Missverständnissen kommt: Selbstverständlich gibt es Ereignisse wie etwa Krankheiten, die unsere Möglichkeiten, vielleicht sogar unsere Lebensperspektive oder unsere Lebenserwartung einschränken. Es geht nicht darum, sie zu negieren. Es geht darum, ihnen launologisch angemessen zu begegnen. Wir können selbstverständlich auch mit einem großen Verlust, einer Behinderung, einer Krankheit oder einer ernsthaften Einschränkung gesund leben – oder ungesund.

Prüfen Sie bitte ebenso ernsthaft, ob Sie tatsächlich heiter durch das Leben gehen wollen. Missmut ist in unserer Gesellschaft ausgesprochen weit verbreitet. Als Launologe werden Sie zumindest noch eine Zeit lang einer Minderheit angehören. Man wird Ihnen nicht selten skeptisch begegnen, Ihnen womöglich Oberflächlichkeit oder zu wenig Sinn für »den Ernst des Lebens« vorwerfen. Manch einer, den Sie als Freund angesehen haben, könnte sich von Ihnen abwenden, weil er einen wichtigen Partner für das gemeinsame Jammern und Beklagen verloren hat, da Sie an destruktiven Zustandsbeschreibungen kein Interesse mehr haben. Sie werden sich selbst einen Weg suchen müssen und nicht darauf vertrauen können, im Kreis der Launologen Mitleid zu finden. Hilfe jederzeit, Unterstützung, selbstverständlich – aber Mitleid: sicher nicht.

Selbstbestimmt und unter eigener Verantwortung – auch hier sind einige *ja, aber* durchaus angebracht. Wen können wir nicht alles anführen, wenn es darum geht, unsere Verfassung, unseren Zustand zu erklären: die Eltern, die Gene, die Regierung, das Wetter, den Chef, die Kollegen, die Nachbarn, den Partner, die Kinder, die Sterne, den Biorhythmus, die Schilddrüse, Gott, Magnetstrahlung, Wasseradern, Lottozahlen, Fußballvereine, die Nahrungsmittelindustrie, die Umweltverschmutzung, die Erderwärmung, die anderen. Und sind es nicht gerade auch die anderen, die Eltern, Gott, die Partei, der Partner oder der Chef, an deren oder dessen Erwartungen wir uns orientieren, die den Maßstab unseres Tuns quasi automatisch vorgeben? Wenn Sie ernsthaft zweifeln, dass dem so ist, dann fragen Sie doch einmal 100 Menschen mit Übergewicht, was der Grund für diesen Zustand ist: 99 werden einen der vorgenannten Gründe anführen, bestenfalls einer wird antworten: »Ich esse zu viel und bewege mich zu wenig, deshalb bin ich dick, und übrigens: Nur ich kann das ändern.« Prüfen Sie also bitte, ob Sie den nachfolgenden Aussagen uneingeschränkt zustimmen wollen.

Aussage 1: Ich will ein gesundes Leben führen.
Aussage 2: Ich will ein selbstbestimmtes Leben führen.
Aussage 3: Ich will ein heiteres Leben führen.
Aussage 4: Balance wird mir wichtig sein.
Aussage 5: Ich will meine eigenen Entscheidungen treffen.
Aussage 6: Ich will der Herr meiner Taten, Worte und Gefühle sein.

Wahrscheinlich wird die Aussage 4 Sie ein wenig ratlos zurücklassen. Bitte fragen Sie sich, ob Sie ernsthaft den wesentlichen Dingen in Ihrem Leben einen angemessenen Platz einräumen wollen. Wenn Sie täglich drei Stunden fernsehen, aber für das Kochen nicht mehr als fünf Minuten aufwenden wollen, fehlt die Balance. Wenn Sie 12, 14 oder gar 16 Stunden geistig arbeiten, aber keinen Sport treiben, selten Freunde treffen, keine Hobbys haben oder außer Ihren Kontoauszügen wenig sonst interessant finden, gibt es keine Balance. Wenn Sie Körper, Geist und Seele nicht als gleichberechtigte Elemente Ihrer Existenz betrachten, werden Sie keine Balance finden können.

Puh, sagen Sie und atmen tief durch, Heiterkeit scheint anstrengender zu sein, als ich dachte. Falsch ist der Gedanke nicht (das ist ein Gedanke ohnehin höchst selten). Richtig ist er allerdings auch nicht. Doch stimmt Ihr Empfinden ohne Frage insoweit, als dass – und nur deshalb haben Sie dieses Buch bis hierhin gelesen – in Ihrem Leben einige Veränderungen anstehen. Niemand anders als Sie selbst ist der Verantwortliche, der Treiber, ja sogar der Initiator dieser Veränderung. Aber die, und auch das wissen Sie längst, wird sich unvergleichlich lohnen:

- Sie werden ein gesundes Leben führen.
- Sie werden heiter und positiv durchs Leben gehen.
- Sie werden die Welt in einer Schönheit und Vollkommenheit erleben, die Ihnen den Atem raubt.
- Sie werden Menschen kennenlernen, die Sie begeistern und die von Ihnen begeistert sind.
- Sie werden Freundschaft erleben und gleichzeitig Ihr eigener bester Freund werden.
- Sie werden Selbstvertrauen gewinnen und Vertrauen geschenkt bekommen.
- Sie werden erfolgreich sein.
- Sie werden das Wesentliche erkennen und tun.
- Sie werden das Unwesentliche und Überflüssige über Bord werfen.
- Sie werden Dinge tun, die Ihnen fremd waren, und Sie werden es genießen.
- Sie werden Dinge lassen, die Ihnen selbstverständlich waren, und Sie werden erleichtert sein.
- Sie werden täglich zufrieden Bilanz ziehen und dankbar sein für das Leben, das Ihnen geschenkt wurde.
- Sie werden entspannt sterben.
- Die Menschen Ihres Umfelds werden sich mit Freuden an Sie erinnern.

Nehmen und lassen Sie sich Zeit für eine nüchterne und ehrliche Bestandsaufnahme. Wie steht es um Ihre Physis, Ihren Geist, Ihre Psyche? *Gut* oder *nicht so gut* ist nicht die Qualität an Information, die Sie weiterbringt. Also machen Sie sich zuerst eine umfassende Checkliste zu den Fragen und Punkten, die Ihnen wesentlich erscheinen. Basisinformationen, Stärken und Schwächen, Auffälligkeiten. Was hindert Ihre Heiterkeit, was könnte sie befördern? Vielleicht gibt es auch schon eine Ahnung, wohin die Beschäftigung mit Ihrem Selbst Sie führen könnte, etwa beim Thema Bewegung (= Sport) oder bei seelischen Fragen (Stress, Ängste), sodass Sie Ihre Checkliste gezielt mit den richtigen Fragen und Anmerkungen oder Merkposten versehen können. Ein Beispiel für die Punkte, denen Sie nachzugehen hätten, wäre etwa:

1. Gesundheit

- Wie steht es um meine Blutwerte, um Herz und Kreislauf?
- Habe ich orthopädische Auffälligkeiten *(Woher kommen die gelegentlichen Rückenschmerzen!)*?
- Steht regelmäßigem Lauf- und Krafttraining aus ärztlicher Sicht etwas im Wege?

2. Geist

- Wie leistungsfähig bin ich geistig, wo liegen meine Talente *(Begabungstest machen)*?

- Wo liegen im Beruf meine besonderen Fähigkeiten, meine Stärken *(Personalgespräch führen)*?
- Sind meine nächtlichen Grübeleien im Rahmen des Üblichen *(einen Monat über Schlafgewohnheiten und Träume Buch führen)*?

3. Seelisch

- Wie stresssensibel bin ich *(eventuell seriöses Buch mit Test hierzu beschaffen)*?
- Wie kritikfähig bin ich *(Gespräch mit Jochen und Sabine führen)*?
- Was macht mir schlechte Laune *(einen Monat Buch führen)*?
- Wer sind meine Freunde und was verbindet mich mit ihnen *(eine ehrliche Liste aufstellen)*?
- Welcher Traum in meinem Leben ist noch unerfüllt *(ich beschreibe ihn in allen Einzelheiten)*?

Möglicherweise sieht Ihre persönliche Checkliste völlig anders aus, möglicherweise ist manches ähnlich. Wichtig ist lediglich zweierlei:

Notieren Sie, was auch immer Sie tun, insbesondere natürlich eventuelle Selbsttests (Ernährungs- und Schlafgewohnheiten, Fernsehverhalten, Anmerkungen zu Freundschaften, Gedanken und Überlegungen), in einem neu angelegten *Logbuch der guten Laune*. Nichts von alledem, das Sie unternehmen, darf und sollte verloren gehen. Notieren Sie in diesem Tagebuch auf dem Weg zur guten Laune nicht nur Ihre Checkliste, sondern natürlich auch die Ergebnisse. Denn nur dann, wenn Sie immer wieder gezielt zurückgreifen können auf frühere Überlegungen, Erfahrungen und Gedanken, sind Sie in der Lage nachzuvollziehen, welchen Veränderungsprozess Sie schon durchlaufen haben, wo Sie vorangekommen sind und wo es vielleicht noch ein wenig klemmt.

Zum Zweiten: Was Sie für Ihre Reflektion zuvorderst brauchen ist *Distanz*. Sie können nur zu Ergebnissen kommen, wenn es Ihnen gelingt, sich selbst mit einem ordentlichen Abstand zu betrachten (daran scheitern viele Menschen). Dazu ist grundsätzlich jedes Mittel recht. Am einfachsten erkennen Sie Ihren gewünschten *Status quo* natürlich in den Rückmeldungen anderer. Ihr Hausarzt kann – zum Beispiel nach einem ordentlichen Gesundheitscheck – zu Ihrem körperlichen Zustand Interessantes und vor allem Fachkundiges vermelden. Ein langjähriger Freund oder ein interessierter Vorgesetzter, vielleicht aber auch Geschwister, Trainer oder Partner können Ihnen schildern, wie sie Sie wahrnehmen und empfinden. Dabei sind Sie gut beraten, zunächst einmal nur zuzuhören – sich rechtfertigen, entschuldigen, erklären oder argumentieren sind bei einer solch erbetenen Rückmeldung (dem sogenannten Feedback) streng verboten (sonst bekommen Sie es nur einmalig und auch nur unvollständig …).

Machen Sie sich ein Bild von sich selbst, wie ein guter Freund es täte, den Sie um eine kritische Bestandsaufnahme bitten.

Die **Schritte 1 bis 3** der angewandten Launologie sind:

1. Legen Sie ein Logbuch der guten Laune an.
2. Erstellen Sie eine launologische Checkliste.
3. Erheben Sie den Status quo von Körper, Geist und Seele.

2

The Worlds Greatest

MOHAMMED ALI (ÜBER SICH SELBST)

Schritte 4 und 5: Ziele setzen und richtig einschätzen

In der kognitiven Motivationspsychologie wird der Begriff »Ziel« für zwei verschiedene Sachverhalte verwendet. »Ziel« kann einen positiven Endzustand bezeichnen, den ein Organismus durch sein Verhalten anstrebt. »Ziel« kann aber auch die *subjektive Repräsentation* eines solchen Zustands (eine Absicht) bezeichnen, uns also ein Bild liefern.

Als Nächstes setzen Sie sich Ziele, die Sie einer heiteren, gelassenen, ausbalancierten Lebensführung näherbringen. Dazu behalten Sie die bekannten drei Kategorien Körper, Geist und Seele möglichst bei. Drei Etappen sind vorgegeben: Kurzfristige Ziele (quasi »Sofortmaßnahmen«), mittelfristige und langfristige Ziele. Die Fristen, die Sie sich für die Zielerreichung einräumen, sind maximal drei, neun und 18 Monate, ein wenig abhängig von dem, was unmittelbar vor Ihnen liegt. In jeder Kategorie sind zwei Ziele wünschenswert. Nutzen Sie das verpflichtende Prinzip der Schriftlichkeit und legen Sie eine Checkliste an. Ihr persönliches Strategiepapier könnte somit – fiktive Daten unterstellt – so aussehen:

	bis zum 30. 9.	bis zum 31. 12.	bis zum 30. 9. nächsten Jahres
Körper			
Geist			
Seele			

Für die Ziele, die Sie definieren, benötigen Sie ein wenig Muße. Denn das Formulieren Ihres launologischen Trainingsplans für die nächsten 18 Monate ist ein anspruchsvolles Unterfangen. Mehrere Punkte wollen berücksichtigt werden:

Ihre Ziele sollen so gewählt sein, dass sie Sie in Ihrer Entwicklung begleiten und sich nicht in einem einmaligen Akt oder Ergebnis erschöpfen. Ein Beispiel: Wenn Sie Übergewicht haben und über Ihre Essgewohnheiten nachdenken, wäre es wenig nachhaltig, mittelfristig fünf Kilo abnehmen zu wollen. Nicht, dass Ihnen das nicht gelingen könnte. Es brächte Ihnen aber nur eine momentane Veränderung des Status quo, nicht aber automatisch positiv veränderte Lebensgewohnheiten. Folglich wäre es launologisch ungleich wertvoller festzulegen, ab sofort zum Frühstück nur noch frisches Obst zu essen. Mittelfristig könnten Sie sich ferner vornehmen, nur noch an einem Tag der Woche Fleisch, dafür aber an zwei Tagen der Woche frischen, schonend zubereiteten Fisch zu essen. Langfristig könnten Sie etwa anstreben, Industriezucker in Ihrer Ernährung vollständig durch Honig zu ersetzen und statt Weißmehl nur noch Vollwertgetreide zu verarbeiten – die Gewichtsreduzierung wäre dauerhaft garantiert und der Gewinn an Lebensqualität fulminant, ohne dass Sie sich ständig mit Kalorientabellen, Waagen, Gewichtsindices oder Ähnlichem herumschlagen müssen.

Ihre Ziele sollen so gewählt sein, dass Sie ihr Erreichen auch vernünftig überprüfen können. *Ich will mich gesünder ernähren* oder *ich will weniger Alkohol trinken* ist ein schöner Vorsatz – mehr aber auch nicht, erst recht kein Ziel. Konkretisieren Sie präzise, was exakt Sie anstreben.

Formulieren Sie Ihre Ziele so, dass sie eine messbare Veränderung in einem vollständigen Satz beschreiben (vollständige Sätze sind altmodisch, launologisch aber ausgesprochen wirksam). Schreiben Sie nicht in Stichpunkten oder Hieroglyphen wie *15 Minuten Lauftraining* oder *2 L MW bis 12.00 Uhr*, sondern formulieren Sie mit Sorgfalt den gewünschten Zustand, also *Ich laufe vier Mal wöchentlich mindestens 15 Minuten* oder *Ich trinke täglich bis 12.00 Uhr mindestens zwei Liter Mineralwasser (ohne Kohlensäure).*

Ihre Ziele müssen Ihnen Freude vermitteln. Sie dürfen in Ihrer Vorstellung nicht mit Verzicht oder Quälerei behaftet sein, sondern die Aussicht auf die angestrebte Veränderung soll Sie ansprechen und motivieren. Formulieren Sie sie also positiv. Statt *Ich schaue von montags bis freitags nicht mehr fern* könnte es heißen: *Montags, mittwochs und freitags nutze ich die Abendstunden für einen langen Spaziergang, dienstags und donnerstags verabrede ich mich mit meinem Partner/Freunden oder dienstags besuche ich einen Tanzkurs, lerne neue Menschen kennen und stärke meine sozialen Kontakte.*

Ziele für Geist und Seele sind nicht schwieriger zu formulieren als für unseren Körper. Es ist für Sie nur unter Umständen ungewohnt, Ihr Geistes- und Ihr Seelenleben gezielt zu bearbeiten.

Nutzen Sie Ihr Logbuch für ergänzende Notizen und Anmerkungen und sorgen Sie dafür, dass Sie Ihre Ziele täglich vor Augen haben. Der Badezimmerspiegel oder ein Merkblatt im Auto können helfen, aber sicher finden Sie noch bessere Plätze.

Die **Schritte 4 und 5** angewandter Launologie lauten:

4. Formulieren Sie kurz-, mittel- und langfristige Ziele.
5. Legen Sie angemessene Fristen fest.

3

Du musst nur einmal siegen – dann, wenn Du es das letzte Mal versuchst.

PHIL KNIGHT

Schritt 6: Entscheiden Sie sich!

Psychologie im Sport

1983 fanden in Helsinki die ersten Leichtathletik-Weltmeisterschaften statt. Eine der Disziplinen, in denen die deutschen Athleten auf Medaillen hofften, war der 800-Meter-Lauf der Männer. Hier traten zwei Starter an. Joachim Ferner, Europameister und Mitfavorit, und Willi Wülbeck, der vielfache Deutsche Meister, der allerdings bei den großen internationalen Rennen nicht nur erfolglos, sondern meist auch deutlich hinter den eigenen Erwartungen zurückgeblieben war.
Beide erreichten das Finale der besten Läufer. 1985 besuchte Willi Wülbeck dann die Schule, an der ich mein Abitur machte.
Er erzählte mir zu diesem Rennen Folgendes:
»Ich war wie immer gut trainiert, rechnete mir aber trotzdem für das Finale nicht allzu viele Chancen aus. Schließlich war ich mit den besten Läufern der Welt unterwegs. Also hielt ich mich nach dem Start im hinteren Teil des Feldes, bemüht, Anschluss zu halten. Das Rennen war nicht sonderlich schnell. In der zweiten [und letzten] Runde hatte ich zu meinem Erstaunen immer noch

Kontakt zur Spitze. Also versuchte ich mich vorzuarbeiten, was zu meinem noch größeren Erstaunen auch gelang.
Bei der 600-Meter-Marke, eingangs der letzten Kurve, wurde mir auf einmal schlagartig klar, dass dies das Rennen meines Lebens werden konnte. Ich sah plötzlich die unfassbare Chance, Weltmeister zu werden, und diese Gedanken und Emotionen setzten meinen Körper unter Strom. Ich nahm all meinen Mut und meine Leidenschaft zusammen und lief wie um mein Leben. Ich habe nicht eine Sekunde mehr darüber nachgedacht, ob ich gewinnen würde. Aber ich habe jede Sekunde alles getan, um es möglich zu machen.«
Willi Wülbeck wurde mit einem unglaublichen Endspurt der erste Weltmeister über 800 Meter, der einzige deutsche Weltmeister auf dieser Strecke bis heute. Es war sein größter Triumph und nach Meinung zahlreicher Experten das beste Rennen seiner langen und erfolgreichen Karriere. Der Glaube, so sagt man, versetzt Berge …

Kommen wir zum zugleich einfachsten und schwersten Schritt.

Sie haben eine kritische Bestandsaufnahme vorgenommen und Ihre Ziele für Körper, Geist und Seelenleben formuliert. Ihr Launologie-Fahrplan für die nächsten 18 Monate steht. Was fehlt also noch? Nun – Ihre Entscheidung, das zur Realität zu machen, was Sie sich vorgenommen haben. Das klingt banal. Doch die Mehrzahl unserer Vorsätze scheitert ausgesprochen zügig deshalb, weil wir zwar eine Veränderung als wünschenswert oder hilfreich erkannt, uns aber nicht oder nur halbherzig *entschieden* haben, diese Veränderung auch tatsächlich zu betreiben. Schnell findet sich ein Grund, ein Umstand, doch wieder in die alten Muster zu verfallen, also vor dem Fernseher zu kleben, statt eine Stunde mit dem

Fahrrad durch die Natur zu radeln oder einen Tanzkurs zu besuchen. Was ist der Grund dafür? Ein wenig launologisch hilfreiche Verhaltenskunde:

Als Menschen sind wir autonome Wesen. Selbstverständlich leben wir in unterschiedlichen sozialen Verbänden, etwa der Familie, der Firma, der Gemeinde, dem Verein, also in ständigen Beziehungen zu anderen Menschen. Selbstverständlich prägen uns Erziehung, Umwelt und Erfahrung. Selbstverständlich sind wir physiologischen und psychischen Prozessen ausgesetzt, die, teilweise erblich bedingt, unsere Emotionen und unser Verhalten prägen. Doch in unserem Wesenskern sind wir autonom und selbstbestimmt. Jenseits aller Religion und Weltanschauung ist diese Freiheit die Basis unseres Zusammenlebens und unseres Menschenbildes. Das Bundesverfassungsgericht nennt uns in einer seiner ersten Entscheidungen *unbedingt selbstbestimmte Individuen.* Glauben Sie nicht an diese Freiheit, haben Sie für jede Ihrer unerwünschten Verhaltensweisen natürlich eine naheliegende Erklärung. Sie können dann aber auch nicht erwarten, als Mensch ernst genommen und wie ein freier Mensch behandelt zu werden – nicht einmal von Ihnen selbst.

Unsere Autonomie versetzt uns in die Lage, über unsere Handlungen, unser Gesagtes, unsere Gedanken und unsere Gefühle jederzeit selbst zu entscheiden.

Für unsere Handlungen scheint dies einfach nachzuvollziehen. Es steht Ihnen gewiss auch in Ihrem eigenen Urteil frei, dieses Buch nun zuzuklappen und es morgen, übermorgen oder niemals mehr hervorzuholen. Zwar gibt es Affekte und Reflexe, in denen wir unwillkürlich, also nicht verstandesmäßig gesteuert reagieren. Doch dies sind besondere Situationen von außerordentlich kurzer Dauer, die nur einen Bruchteil unseres Verhaltens ausmachen. Der weit überwiegende Teil ist Ergebnis unserer Entscheidungen: Jetzt klappe ich das Buch zu, jetzt trinke ich ein Wasser, jetzt gehe ich Einkaufen, jetzt fahre ich zur Arbeit und so weiter.

Ein wenig schwieriger wird es schon beim Gesagten. Ein Großteil dessen, was wir formulieren, entspringt einem sehr kurzen Impuls, sodass der zeitliche Abstand zwischen Verstandesleistung und Entäußerung, zwischen dem Gedachten und Gesagten knapp wird. Manchmal »sprudeln« oder »rutschen« die Worte, sagen wir, aus uns heraus, sodass manches von dem, was wir von uns geben, nachträglich nicht immer einer kritischen Würdigung standhält. Trotzdem zweifeln wir nicht daran, dass der Großteil des von uns oder zu uns Gesagten willentlich gesprochen wurde. Wir selbst (und niemand sonst) entscheiden über das, was wir sagen, und die Worte, die wir nutzen.

Fragt man, wer sich als Herr seiner Gedanken betrachtet, so antwortet fast die Hälfte aller Menschen, sie seien gelegentlich oder häufig nicht in der Lage, über die eigenen Gedankengänge zu entscheiden. Gedanken scheinen sich also verselbstständigen zu können – jeder von uns hat schon einmal erlebt, nachts grübelnd über einem vergangenen Ereignis oder einer kommenden Aufgabe wach gelegen zu haben, ohne dass er anschließend ernsthaft behauptet hätte, dies sei von ihm auch so gewollt gewesen.

Wir wissen aber auch, dass wir normalerweise sehr wohl in der Lage sind, unsere Aufmerksamkeit und unser Denken auszurichten. Wir konzentrieren uns auf unsere Arbeit, unser Hobby, auf die Tageszeitung, ein Kreuzworträtsel oder die Begebenheit oder Fragestellung, mit der uns unser Gegenüber konfrontiert. Möglich ist es also, nur gelegentlich stellen uns die eigenen Gedanken vor unerwünschte Schwierigkeiten. Diese Schwierigkeiten werden dabei umso größer, je schneller wir vergessen oder besser: nicht erinnern, dass wir grundsätzlich natürlich in der Lage sind, unsere Gedankenwelt zu gestalten. Sie glauben, Sie müssten jetzt an nichts anderes als die nächste Prüfung, das Problem mit dem Kollegen, das vermeintlich vergessene Bügeleisen denken, und vielleicht wollen Sie das sogar. Doch wenn wir Sie fragen, wann Sie denn das letzte Mal geweint haben, werden Sie automatisch in Ihrer Erinnerung nach der Begebenheit kramen. Wenn wir Sie fragen: *Was gab es zum Mittagessen?,* wird Ihnen das Bild Ihrer Mahlzeit wahrscheinlich schnell in den Sinn kommen. Was hindert Sie also, dann, wenn Ihre Gedanken nicht die gewünschten Bahnen nehmen, sich selbst Fragen nach anderen Themen oder Bildern zu stellen oder schlicht zu *entscheiden*, nun an etwas anderes zu denken? *Eigentlich* nichts? Dann seien Sie gewiss: *Eigentlich* ist keine Frage des grundsätzlichen »Könnens« (denn *eigentlich* können Sie es ja), sondern nur noch eine Frage des »Wollens«. Und es ist exakt jene Frage, die Sie – und niemand anders – beantworten kann, vielleicht will und unbedingt soll.

Es gibt Gründe, warum Sie die Gedanken denken, die Sie so hartnäckig verfolgen und denen Sie zumindest manchmal scheinbar hilflos gegenüberstehen. Welche könnten das sein? Ein ungeklärtes oder unbestimmtes Gefühl, das Sie immer wieder an diesen Punkt bringt? Ein besonderes Ereignis, das Ihnen bevorsteht, oder eine Begebenheit der Vergangenheit? Was auch immer der Grund sein mag, es ist Ihre Entscheidung, aktiv etwas daran zu ändern oder – auch das ist eine Entscheidung – passiv hinzunehmen, was Ihnen Ihr Geist an Bildern und Gedanken beschert.

Warum wir Emotionen haben

Es gibt viele Antworten auf die Frage, aus welchem Grund wir überhaupt Emotionen haben. Wissenschaftlich betrachtet liefern vier Hypothesen Erkenntnisse und Methoden, die sich Biologie, Medizin und Psychologie zunutze machen:

1. Emotionen folgen unseren Gedanken

Bereits in der griechischen Philosophie entstand unter Epiket (55 bis 135 n. Chr.) die sogenannte kognitive These, Emotionen seien das Ergebnis unserer Gedanken. Ihr zufolge »scannen« wir alle Ereignisse sogleich nach – jeweils gegensätzlichen – Kategorien wie erfreulich-unerfreulich oder vorhergesehen-unvorhergesehen. Das daraus folgende Muster unserer Bewertung zieht dann eine bestimmte Emotion nach sich. Ein Beispiel: Sie begegnen im Treppenhaus Ihrem Chef und grüßen freundlich, doch es erfolgt keine Reaktion. Sofort werden Sie darüber nachdenken, was der Grund für dieses Verhalten sein könnte. Je nach dem Ergebnis dieser Überlegungen werden Sie anschließend wütend, traurig oder ängstlich sein.

Kognitive Ansätze spielen in verschiedenen Therapieformen eine wichtige Rolle. Sie setzen an den Auslösern und Verknüpfungen bestimmter Gedankengänge an und versuchen so, immer wiederkehrende und unerwünschte Abfolgen zwischen Gedanken und Emotionen zu verändern.

2. Emotionen folgen unserem Körper

Ein physiologischer Ansatz aus dem 19. Jahrhundert geht davon aus, dass unsere Emotionen als Folge körperlicher Reaktionen entstehen. Das scheint zunächst erstaunlich. Denn es hieße, dass wir Angst haben, *weil* wir zittern und nicht umgekehrt, wie es doch der Fall zu sein scheint. Doch erfahren haben wir alle auch, dass manche Emotion – etwa die Angst nach einem Schreck – ihre Wirkung erst entfaltet, nachdem der Körper schon längst auf Gefahr umgeschaltet und unser Herz zum Rasen gebracht hat. Erfahren haben wir auch, dass es unmöglich ist, bestimmte Emotionen zu erzeugen, wenn unser Körper gerade Reaktionen einer entgegengesetzten Emotion zeigt: Wir können nicht traurig sein, während wir uns im Spiegel herzlich anlachen, oder uns vital und beschwingt fühlen, während uns die Tränen kommen.

3. Emotionen stecken in unseren Genen

Charles Darwin (1809 bis 1882) begründete die Erklärungsansätze der Evolutionspsychologen. Sie vertreten die Auffassung, unsere Emotionen seien evolutionär ererbt und hätten sich als (über-)lebensrettend und arterhaltend erwiesen. So hilft uns, folgt man dieser These, Angst etwa, lebensbedrohende oder zumindest doch gesundheitsschädigende

Situationen und Verhaltensweisen zu meiden. Zorn bringt uns dazu, einen Rivalen zu vertreiben, und unsere sinnliche Begierde ist letztlich mit der Garant für das Überleben unserer Spezies.

Gestärkt werden evolutionspsychologische Ansätze durch Beobachtungen im Tierreich und bei Neugeborenen. So zeigen Affen nach den Forschungsergebnissen der Primatologen Regungen, die menschlichen Regungen ähneln und nahelegen, dass auch die Primaten ein unseren Emotionen ähnliches Empfinden haben. Und auch Neugeborene zeigen anscheinend Emotionen wie Angst oder Zorn, die andere Hypothesen nur schwerlich erklären können.

4. Emotionen sind Teil unserer Kultur

Die Kulturrelativisten sind seit Margaret Mead (1901 bis 1978) der Ansicht, unsere Emotionen seien Teil unseres kulturellen Rollenverständnisses und eine implizite kulturelle (soziale) Bewertung der jeweiligen Situation. So sind wir beispielsweise traurig, wenn wir gerade unsere Arbeit verloren haben, weil dies dem gelernten Bewertungs- und Rollenmuster einer solchen Lebenssituation in unserem Kulturkreis entspringt. Nach den Kulturrelativisten leben wir unsere Emotion unterschiedlich, je nachdem, in welchem sozialen (kulturellen) Kontext wir uns gerade befinden.

Für diese These spricht, dass wir einige Emotionen tatsächlich von sozialen Randbedingungen abhängig machen. So erzürnt uns eine Herabsetzung durch den Partner ausnahmslos, während die gleiche Herabsetzung durch unseren

Vorgesetzen in rund der Hälfte der Fälle andere Emotionen (Unsicherheit, Angst, Traurigkeit) als Zorn auslöst.

Sind Sie der Herr über Ihre Gefühle? Wenn Sie mit *Nein* antworten – wollen Sie es denn sein? Überlegen Sie gut! Stellen Sie sich beispielsweise einen Menschen vor, zu dem Sie ein schwieriges oder sogar herzlich schlechtes Verhältnis haben. Es ist *allein* Ihre Entscheidung, diesen Menschen ab sofort herzlich zu mögen. Das ist einfacher, als Sie glauben: Sie können die Pedanterie Ihres Nachbarn ab sofort für eine sehr respektable Form der Sorgfalt ansehen, die neugierigen Fragen Ihres Kollegen für ein ehrliches Interesse an Ihnen, das großspurige Auftreten Ihres Chefs als Versuch, Ihnen in einer schwierigen Situation die Angst um das Unternehmen oder Ihren Arbeitsplatz zu nehmen – wie Sie die Dinge sehen und bewerten, liegt ganz allein bei Ihnen. *Wahr* sind beide Varianten Ihrer Deutung, denn die ganze *Wahrheit* des Lebens entsteht ohnehin nur in Ihnen, in Ihrem Kopf – wo auch sonst? Schalten Sie ihn ab, und das Leben, so wie Sie es kennen, verschwindet. Also vergessen Sie all die vermeintlichen Realitäten Ihres Lebens – sie sind allein das Ergebnis Ihrer Sinneswahrnehmungen und *Bewertungen*, und schon durch die Augen und Ohren Ihres Nachbarn sehen die meisten Dinge sehr verändert aus.

Über Ihre Gefühle entscheiden *können* Sie, können wir alle (mit Ausnahme der Affekte und Reflexe). Das Wollen hingegen trennt uns. Viele Menschen sagen, sie wollten die Emotionen, Zustände und Launen, die sie begleiten, ändern. Wahrscheinlich sind sie phasenweise tatsächlich auch mit einem Teil davon unzufrieden. Doch sind diese Zustände meist gar nicht so unangenehm und ungewünscht, wie sie in Worten dargestellt werden. Vielleicht gefällt es uns, vor Zorn zu rasen, weil wir unseren Frust dann endlich loswerden können, vielleicht bringt uns unser Missmut die Ruhe und das Alleinsein, das wir anders scheinbar nicht erreichen können. Vielleicht schenkt uns unsere Traurigkeit die Aufmerksamkeit und Sorge unseres Partners, die wir sonst vermissen, oder vielleicht macht unser Ärger den anderen zum Schuldigen für etwas, das wir – gehen wir ehrlich heran – eigentlich nur uns selbst zuschreiben können.

Fast immer haben Missmut und Trübsal, Pessimismus und Destruktivität ihren Nutzen für uns. Es fordert Mut und Entschlossenheit, diese Emotionen aufzugeben und bewusstes Fühlen an die Stelle des vertrauten und gewohnten Verhaltens zu setzen.

Deshalb lautet einer der wichtigsten Schritte angewandter Launologie, nämlich **Schritt 6:**

6. Entscheiden Sie sich.

4

Wandel und Wechsel liebt, wer lebt.

RICHARD WAGNER

Schritte 7 bis 9: Zelebrieren Sie die Veränderung!

»Heute habe ich mich zum ersten Mal seit 33 Jahren wieder an mein altes Klavier gesetzt. Im ersten Moment war es furchtbar. Ich hatte, glaube ich, schon nach fünf Minuten Knoten in den Fingern. ... Noten lesen fiel mir unglaublich schwer. Meistens musste ich sogar die Tasten abzählen.

Nach einer eher verbissenen Stunde kramte ich dann ein Anfängerstück hervor. Es war eine schöne Melodie, und nach einigen Versuchen klang es richtig hübsch. Ich war total von mir begeistert und wollte gar nicht mehr aufhören.

Morgen werde ich mich nach einer Klavierlehrerin erkundigen. Es ist zwar ein wenig komisch, mit 62 Jahren noch einmal anzufangen, aber ich bin sicher, dass ich mit dem Instrument noch viel Spaß haben werde.« (*Aus dem Logbuch eines Launologen*)

Unsere Gefühle beeinflussen unsere Gedanken, unsere Gedanken unsere Worte und unsere Taten. Doch ist dies keine Einbahnstraße. Sie können umgekehrt mit dem, was Sie tun, und mit dem, was Sie denken, Ihre Gefühle steuern. Lachen

Sie, und Sie werden sich gut fühlen. Bewegen Sie sich ordentlich, und Ihr Missmut oder Ihre Traurigkeit verschwinden. Ballen Sie die Fäuste, fletschen Sie die Zähne und schreien Sie laut, und Sie werden Zorn und Aggression in Ihnen aufsteigen spüren. Tun Sie das Richtige, und es wird Ihnen gute Laune machen.

Sie haben erfahren, dass Sie *entscheiden* können, was Sie fühlen. Jetzt ist es an Ihnen, Ihre Entscheidungen mit Leben zu füllen. Setzten Sie um, was Sie sich vorgenommen haben, und – *genießen Sie es*. Ihr Leben wird sofort an Qualität gewinnen. Sie werden Ihren Körper spüren wie lange nicht mehr. Ihr Geist wird wach Dinge aufnehmen, an denen Sie schon hunderte Male achtlos vorbeigelaufen sind, und Ihre Seele wird jubilieren, zunehmend befreit von Trübsal, Missmut, Frustration.

Inszenieren Sie die Veränderung! Sorgen Sie dafür, dass Veränderungen einen gebührenden, ehrenvollen Platz in Ihrem Leben bekommen. Wenn Sie Ihre Essgewohnheiten revidieren, gehen Sie zwei Mal die Woche zum Markt oder zu einem gut sortierten Obst- und Gemüsehändler, um die Frische und Gesundheit aus aller Herren Länder einzukaufen. Nutzen Sie die Zeit zu einem Plausch. Probieren Sie Obstsorten aus, die Sie noch nicht kennen, und platzieren Sie Ihre Einkäufe sichtbar und attraktiv im Wohnzimmer oder der Küche.

Wenn Sie anfangen, alte Freundschaften zu reaktivieren – beschäftigen Sie sich vorher gedanklich mit Ihrer Verabredung. Was waren seine/ihre Hobbys? Was hatte Sie beide einmal enger verbunden, wo liegen mögliche Aktivitäten für die Zukunft? Ziehen Sie sich um und kommen Sie nicht abgehetzt zum Treffen, sondern mit ein wenig Vorlauf.

Wenn Sie mit Sport (neu) beginnen, legen Sie sich Ihre Sachen in Ruhe zurecht. Überlegen Sie, was genau Sie heute auf den Plan nehmen wollen, oder lassen Sie sich einen Trainingsplan erstellen, den Sie günstig über das Internet beziehen können. Kaufen Sie sich eine Fachzeitschrift. Gehen Sie es langsam an und sorgen Sie dafür, dass es Spaß macht. Joggen Sie nicht gehetzt zwischen zwei Terminen und notieren Sie das Ergebnis Ihrer ersten Runde in Ihr launologisches Logbuch unter *Tag 1*.

Das Leben ist komplex und kompliziert. Ständig zwingt es uns, Entscheidungen zu treffen: Aufstehen oder Liegenbleiben? Duschen, Baden oder Katzenwäsche? Müsli oder Brötchen, Kaffee oder Tee? Ist der Kollege freundlich oder aggressiv? Beim Chef die Gehaltserhöhung ansprechen oder lieber noch warten? Joggen oder Fernsehen? Bier, Wasser oder Rotwein? Chips oder Rohkostplatte? Noch Karin anrufen, oder lieber morgen? Gleich schlafen oder noch lesen? Und was Lesen? Comic oder Krimi? Puh …

Entscheidungen verbrauchen physische Kraft und seelische Energie. Sie haben außerdem stets etwas Ungewisses. Haben wir uns richtig entschieden oder war es doch ein Fehler? Was hält der Partner, was halten Freunde und Kollegen von unserer Entscheidung? Müssen wir sie rechtfertigen oder erklären? Gibt es Widerstände und Kritik? Ist es gesund, was wir tun, oder bringt es uns aus der Balance?

Wir haben einige Mechanismen entwickelt, um mit unserem ständigen Entscheidungsbedarf besser zurechtzukommen. Einer ist zum Beispiel das Vorurteil. Es macht uns einen ganzen Themenkomplex sehr einfach. Etwa: Frauen und Geldausgeben, Männer und Gefühle. Geben wir uns dem Vorurteil hin, Frauen gingen sorgloser mit Geld um als Männer, oder Männer seien nicht in der Lage, wahre Gefühle auszudrücken, müssen wir für viele Situationen unseres Lebens keine Bewertungsleistung mehr erbringen. Unsere Ansichten und Entscheidungen sind vorgezeichnet. Wir führen kein offenes und bekennendes Gespräch mit dem Ehemann oder Freund (eine häufige und immer wieder aufs Neue falsche Entscheidung), *weil da ja eh nichts bei herauskommt,* und wir überdenken die eigene wirtschaftliche Situation und unser eigenes Ausgabeverhalten nicht ernsthaft und kritisch, weil die Frau oder Freundin ohnehin *das Geld zum Fenster hinauswirft*. Schon liefert uns also das Vorurteil eine hervorragende, weil uns selbst nicht in Zweifel ziehende und darüber hinaus ausgesprochen schnelle Lösung für viele Fragen in unserem Leben. Es braucht gar nicht viel Phantasie, um mit dem riesigen Katalog der Vorurteile so etliche Entscheidungszwänge zu eliminieren.

Vorurteile sind launologisch äußerst kritisch. Denn sie führen uns in eine innere Abhängigkeit. Statt eine Situation angemessen und erwachsen zu bewerten, drängen uns Vorurteile zu einer simplifizierenden Beurteilung. Wahrscheinlich werden wir sogar zur Marionette unseres Lebensumfelds, in dem uns unsere Mitmenschen ihre Meinung aufzwingen wollen. Hüten Sie sich also vor Vorurteilen und nutzen Sie stattdessen zwei exzellente Hilfsmittel des Launologen, nämlich Rituale und Symbole.

Ein Ritual ist ein bis ins letzte Detail ausgetüftelter Ablauf einfacher Handlungen und Verrichtungen. Einmal gelernt, kann es jederzeit ohne längeres Nachdenken wiederholt werden. Es ist hilfreich, um unsere Konzentration einzufangen, uns zur Ruhe zu bringen und unseren Alltag zu strukturieren, schafft also ebenfalls Entlastung. Dazu kann es unter Umständen sogar eine Quelle wiederkehrender Entspannung, Freude und/oder Besinnung werden.

Definieren Sie für Ihre Veränderungen entsprechende Rituale. Legen Sie Ihr Frühstück stets in der gleichen Weise und am gleichen Ort zurecht. Benutzen Sie dasselbe Besteck. Gewöhnen Sie sich an, nach dem Abendessen stets die gleiche Runde um den Block zu wandern, oder fixieren Sie für Ihr Hobby, für Ihren Sport, für Ihr gesellschaftliches Engagement oder den Musikverein stets die gleichen Termine. Inszenieren und zelebrieren Sie, was die Veränderung ausmacht, und belegen Sie diese ritualisierten Abläufe mit Symbolen.

Der Wert des Symbols liegt nicht in einer Handlung oder dem Gegenstand selbst, sondern in der gedanklichen Überhöhung, die sie oder er durch Sie erfährt. Wenn Sie am Tag 1 der launologischen Veränderung einen Pulsmesser oder Schrittzähler kaufen, sich ein Obstmesser zulegen, ein Werkzeug oder Zubehör für Ihr neu entdecktes Hobby besonders wahrnehmen, ein Kleidungsstück gezielt auswählen, um sich einem Verein oder einer Gruppe neu anzuschließen, wird dieser Gegenstand zum Symbol der Veränderung. Launologisch wird er so Motor und Batterie Ihres Veränderungsprozesses. Wenn Sie ihn benutzen oder betrachten, wird er eine stete Erinnerung und Aufforderung sein, Ihre anvisierten Ziele nachhaltig zu verfolgen und nicht nachzulassen. Nach einiger Zeit ist er schlicht ein Symbol für die Veränderung, die Ihnen so hervorragend gelungen ist.

Entscheidend ist nicht so sehr, was Sie sich im Einzelnen vorgenommen haben. Entscheidend ist, dass Sie Zeit und Gelegenheit haben, die Veränderung zu spüren und zu genießen. Schon der erste Schritt, gleich ob für Ihren Körper, Ihren Geist oder Ihre Seele, bringt Sie Ihren launologischen Zielen ein riesiges Stück näher, und in kurzer Zeit wird der Prozess unumkehrbar sein. Erreichen Sie das erste Etappenziel, hat die Heiterkeit Sie wieder.

Gleich haben Sie es geschafft, denn die **Schritte 7, 8 und 9 lauten:**

7. Inszenieren Sie die Veränderung.
8. Schaffen Sie sich Rituale und Symbole.
9. Genießen Sie es!

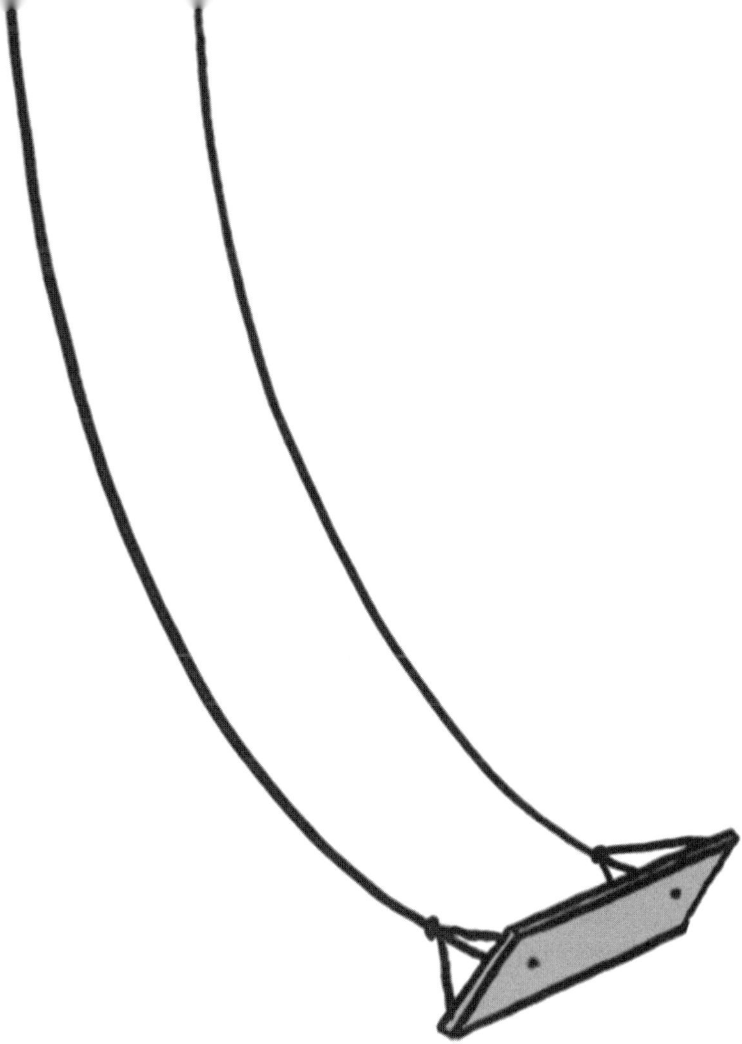

5

Fürchte Dich nicht
vor dem langsamen Vorwärtsgehen,
fürchte Dich nur
vor dem Stehenbleiben

CHINESISCHES SPRICHWORT

Schritt 10: Überprüfen Sie Ihre Fortschritte!

Ihr launologisches Tagebuch sollte Ihnen jederzeit Aufschluss darüber geben, ob und wie weit Sie Ihren Zielen näher gekommen sind. Wie ist Ihr Tag, Ihre Woche, die erste Etappe der Veränderung gelungen? Wo gab es die größten Schwierigkeiten, wo ging es leichter als gedacht (in der Mehrzahl der Fälle)?

Nehmen Sie sich jeden Tag fest definierte und durch nichts zu verhindernde fünf Minuten Zeit (das ist weniger als eine durchschnittliche Werbeunterbrechung), um eine Bilanz zu ziehen. Planen Sie zum Wochenende eine halbe Stunde für Notizen und neue Überlegungen ein, und verabreden Sie mit sich selbst (frühzeitig) zwei Mal im Jahr eine Klausur oder sogar einen Workshop in eigener Sache von zwei oder drei Stunden Dauer. Ziehen Sie sich mit einer launologischen Tagesordnung an einen ruhigen, Ihnen angenehmen Ort zurück, lassen Sie die letzte Zeit Revue passieren, planen Sie neue Veränderungen oder Ziele, notieren Sie, was Ihnen wichtig ist, und gönnen Sie sich – ganz allein – eine kleine Belohnung, wenn Sie mit sich zufrieden waren.

Eines der großartigsten Gefühle überhaupt ist Dankbarkeit. Üben Sie sie. Bedanken Sie sich, wenn Ihnen etwas Gutes widerfährt. Danken Sie der Kassiererin im Supermarkt, der Bedienung, dem Freund, Kollegen, Partner oder dem Chef, für das ehrliche Feedback, die Hilfe, den Hinweis oder das Zuhören. Nehmen Sie sich in Ihren launologisch wichtigen fünf Minuten täglich die Zeit, innezuhalten und aufzulisten, wofür Sie in Ihrem Leben dankbar sind: Eltern, Familie, Partner, Kinder, Freunde, Gesundheit, Wohlstand, Frieden, Ausbildung oder schlicht der Moment, den Sie jetzt gerade erleben. Was auch immer es ist, notieren Sie es in Ihrem launologischen Logbuch. Je länger die Liste wird, desto weiter sind Sie gekommen, und wenn Sie Ihren Fünf-Minuten-Rahmen dafür sprengen, sind Sie launologisch einen großen Schritt vorangekommen.

Der **letzte Schritt** der angewandten Launologie ist erreicht:

10. Prüfen Sie regelmäßig Ihre Fortschritte und dokumentieren Sie Ihren Weg zum Launologen.

Die zehn Schritte auf einen Blick

1 Legen Sie ein Logbuch der guten Laune an.

2 Erstellen Sie eine launologische Checkliste.

3 Erheben Sie den Status quo von Körper, Geist und Seele.

4 Formulieren Sie kurz-, mittel- und langfristige Ziele.

5 Legen Sie angemessene Fristen fest.

6 Entscheiden Sie sich!

7 Inszenieren Sie die Veränderung.

8 Schaffen Sie sich Rituale und Symbole.

9 Genießen Sie es!

10 Prüfen Sie regelmäßig Ihre Fortschritte und dokumentieren Sie Ihren Weg zum Launologen.

TEIL 5

Die Mischung macht's – Bausteine der Heiterkeit

1

Wenn man Spaß an einer Sache hat,
dann nimmt man sie auch ernst.

GERHARD UHLENBRUCK

Es lebe die Heiterkeit!

Eine heitere Lebensführung, Optimismus, Zuversicht und Konstruktivität machen unser Leben ausgefüllt, reich, glücklich. Sie werden aus vermeintlichen Niederlagen grandiose Siege, aus vermeintlichen Schwächen herausragende Stärken machen, wenn Sie sich darauf einlassen, die Dinge mit entspannter Gelassenheit, Humor und Lebensfreude anzugehen. Doch wissen Sie auch, dass dies dauerhaft zu leben ein Weg, ein Prozess, manchmal sogar Arbeit ist. Wahrscheinlich werden Sie etliche Male mit sich ringen, ob Sie in der Veränderung die Chance, im Verlust die Besinnung und Neuausrichtung, im Feedback Ihrer Umwelt das Geschenk oder in der Kritik des Partners den Denkanstoß oder nur Negatives sehen und – vor allem – fühlen wollen. Jedes Mal auf ein Neues wird es Ihre, allein Ihre Entscheidung sein, welchen Weg Sie gehen. Wenn Sie die unerwünschten Angewohnheiten, die Launen, den Missmut oder die Trübsal letztlich nicht ernsthaft angehen wollen, wird nichts und niemand Ihr Leben zu einem heiteren machen können. Wenn Ihnen aber erste, kleine Veränderungen gelingen, werden Dämme in Ihnen brechen und

Sie mitreißen in ein begeistertes, glückliches Leben, und der Rausch der Launologie wird, anders als bei jeder Droge, umfassend, nebenwirkungsfrei und lang anhaltend sein.

Auf Ihrem Weg zum Launologen ersten Grades sollen noch drei Tipps Ihnen helfen. Ganz wichtig: Achten Sie auf Ihre Worte!

Worte verraten uns im wahrsten Sinne des Wortes (viel), vor allem über unser inneres Empfinden, unsere Emotionen. Hören Sie sich also selbst aufmerksam zu. Welche Worte benutzen Sie? Wie und mit welchen Worten geben Sie Antwort?

Wenn man Sie fragt, wie es Ihnen geht, was ist dann meist zu hören?
Gut? Geht so? Exzellent? Ausgezeichnet? Schlecht?

Wenn man Sie fragt, wie Ihr Wochenende war, was sagen Sie dann?
So lala? Oder: *Wunderschön? Großartig? Sehr entspannt? Ziemlich stressig?*

Wenn das Gespräch auf Ihre letzte Beziehung kommt – wie ist sie zu Ende gegangen?
Gescheitert? Vorbei? Oder hatten Sie schlicht *eine tolle Zeit*?

Unsere Worte geben – beredt – Auskunft über unser inneres Empfinden. Gleichzeitig beeinflussen sie es. So ist es unwahrscheinlich, dass Sie auf die Frage nach Ihrem Befinden mit *exzellent!* oder *hervorragend!* antworten können, ohne dass sich diese Stimmung zumindest für den Moment in

Ihnen niederschlägt. Ihr Rücken wird sich durchdrücken, Ihre Atmung tief in den Bauch gehen. Ihre Muskeln straffen sich, ohne dass es Ihnen bewusst wird, und allein der Bruchteil der Sekunde, den Sie benötigen, um die Antwort zu geben, wird Sie launologisch sogleich um eine Stufe heben.

Dieselbe, aber umgekehrte Wirkung erzielen Sie jedoch auch, wenn Sie sich, Ihren Zustand, Ihre Vergangenheit oder Zukunft in negativen Wendungen beschreiben. Wenn Sie sagen, *die nächste Woche wird sehr stressig,* wird Ihre Physis sich sofort der Ankündigung entsprechend einrichten. Höherer Blutdruck, Spannung, somatische Wirkungen auf Magen und Darm, all das ist Ihnen gewiss, weil Sie mit Ihren Worten die künftige Entwicklung fühlbar machen und damit in der Realität Ihres Körpers schon ein ganzes Stück vorwegnehmen. Nicht die stressige Situation selbst, sondern die Erwartung dieses Stresses macht uns zu schaffen. Wie anders wäre es, sprächen Sie von *interessanten Herausforderungen* oder der Chance, *mir und anderen zu zeigen, was ich zu leisten imstande bin.*

»Die Zunge ist ein scharfes Schwert« ist eine überlieferte Metapher für die Zerstörungskraft unserer Sprache. Kleine, aber sehr wirksame Nadelstiche, wie sie zum Beispiel von Eltern unreflektiert verwenden werden, sind so scheinbar belanglose Sätze wie »Das schaffst du bestimmt auch wieder nicht ...« oder »Mehr habe ich von dir auch nicht erwartet!«. Gelegentlich noch angetrieben von der irrsinnigen Annahme, wir könnten unsere Mitmenschen durch ein deutlich geäußertes Missfallen zur Verhaltenskorrektur ermutigen, setzen manche Väter und Mütter, aber auch Ehepartner und Vorgesetzte zu einer wahren Entmutigungsorgie an: »Das schaffst du nie!«, sagt die Mutter bei den ersten zaghaften Versuchen des Sohnes, in seinem Zimmer ein Bild selber aufzuhängen und dafür ein Loch zu bohren. »Du hast aber wirklich zwei linke Hände!«, sagt der Vater, als der Sohn ihm beim Rasenmähen helfen möchte, aber statt des Rasens das Kabel zerschneidet. »Mein Gott, stellst du dich blöd an«, sagt der Ehemann, als er seiner Frau die Funktionen seines Laptops erklären will. Wie kommt es zu solchen Attacken auf das Grundvertrauen?

Nun, das hat viel mit unserem Selbstbild, unserer Meinung über uns selbst zu tun. Wir Menschen sind soziale Wesen. Wir gehören alle einer Gemeinschaft an und möchten uns ihr zugehörig fühlen. Tun wir das, dann erledigen wir unsere Aufgaben erfolgreich. Leider sind aber viele von uns mit dem Gefühl aufgewachsen, in der Familie quasi nur geduldet zu sein, manche sogar mit der Überzeugung, nur zur Last zu fallen oder sogar, in drastischen Fällen, in dem traurigen Glauben, sie würden besser gar nicht existieren. Negativäußerungen, die wir als Kind oft gehört haben, machen es uns schwer zu glauben, dass wir wertvoll sind und mit dem, was wir darstellen, tun und/oder leisten, einen wichtigen Platz in der Gesellschaft haben. Manche Menschen kämpfen ihr ganzes Leben gegen die entmutigenden Erfahrungen in ihrer Kindheit und in der Schule. Daraus kann Großes entstehen – Sir Peter Ustinov etwa betonte häufig, ohne die Drangsale und Neckereien der Schulzeit wohl nie Schauspieler geworden zu sein. Doch ist dies die Ausnahme. Viele, vor allem schwächere Persönlichkeiten erleiden durch die fortgesetzten Angriffe auf ihr Selbstbild teils schwere Minderwertigkeitsgefühle. Sie sind das meist zwingende Ergebnis einer langen Reihe solcher Erfahrungen und Kränkungen, die zu dem Schluss führen: »So wie ich bin, bin ich nicht gut genug.«

Wer sich minderwertig, klein, unterlegen fühlt, neigt dazu, andere genauso klein zu machen, um aus seiner vermeintlich schwachen, unterlegenen Position herauszukommen. Wir kritisieren andere, wenn wir uns minderwertig fühlen. Wir werten andere ab, wenn wir uns selbst abgewertet haben. So wird die Kette der Zerstörung des Grundvertrauens weitergeschmiedet, bis hin zur tiefen Feindseligkeit zwischen Eltern und Kindern, zwischen Ehepartnern, Kollegen, Geschäftsfreunden oder Klassenkameraden.

Nicht wenige Leistungsstörungen von Kindern in der Schule sind, vertraut man den Aussagen von Kinderpsychologen, auf die durch verbale Negativattacken von Eltern oder Lehrern ausgelösten Minderwertigkeitsgefühle zurückzuführen. So konnten Asthmaanfälle bei Kindern deutlich reduziert werden, nachdem die Eltern ein verbales Ermutigungstraining absolviert hatten.

Die Psychosomatik, also die fakultätsübergreifende Lehre (wesentlich aus Medizin und Psychologie) von der Wechselwirkung zwischen körperlicher Erkrankung und seelischem Leiden, kennt viele Fälle, die zum Verhältnis von körperlicher und seelischer Gesundheit und zur Wirkung der Worte Auskunft geben. Jahrelang erfolglos medikamentös behandelte Verdauungsstörungen und Magenschmerzen von Frauen konnten geheilt werden, nachdem man den Ehemännern durch Therapien beigebracht hatte, wertschätzende und Vertrauen stärkende Botschaften auszusprechen und eine positive Grundhaltung zu leben. Wie sieht es bei Ihnen aus? Schauen Sie sich noch mal das Ergebnis Ihres Tests »Sind Sie ein Negaholiker?« an und lesen Sie Ihre Antworten selbstkritisch, aber mit den Augen eines Launologen. Beobachten Sie, wie oft Sie die Tendenz haben, negativen Äußerungen den Vorrang vor einer ermutigenden Botschaft zu geben.

»Nicht die Welt als solche ist schlecht, nur die Art und Weise, wie wir sie betrachten«, sagte schon die Stoa vor mehr als 2000 Jahren. Sie allein haben es in der Hand. Wenn der Sohn am Abend erst mit den Hausaufgaben beginnt, können Sie sagen: »Aha, am Abend wir der Faule fleißig!« und einen guten Ansatz zur Leistung zerstören, oder Sie können ihn ermutigen mit dem einfachen Satz: »Prima, dass du loslegst!«

Wenn der Ehepartner am frühen Morgen ein Liedchen trällert, mag Ihnen der Satz durch den Kopf gehen: »Vögel, die morgens singen, holt abends die Katze!« Besser wäre: »Schön, dass du so fröhlich aufgewacht bist!« oder, wenn Ihnen das Lyrische mehr liegt: »Früher Vogel fängt den Wurm.«

Sie tun dies schlussendlich zum eigenen Nutzen. Denn mit positiven Äußerungen zu oder über andere lenken Sie Ihre Aufmerksamkeit auf eine positive Grundhaltung. Ihre Stimmungslage wird sich sofort verbessern, Ihr Grundvertrauen zusätzlich gestärkt.

Diese Momente der inneren Besinnung können Sie auch in ein Ritual kleiden. Vielleicht haben Sie eine tägliche Jogging- oder Fahrradrunde, einen Fußweg zum Bahnhof oder zur Bushaltestelle oder eine Mittagspause, in der Sie gerne spazieren gehen. Halten Sie an einem ruhigen, schönen Fleck inne. Wenn Sie an Gott glauben, ist das der perfekte Moment für einen kurzen Dialog. Wenn nicht, ist dies die Chance, sich in Erinnerung zu rufen, was gut und gelungen in Ihrem Leben ist.

8-Punkte-Programm für eine positive Grundhaltung

1. »Übung macht den Meister.«
Geben Sie auch Ihren »fehlerhaften« Mitmenschen eine berechtigte Chance und schaffen Sie eine wertschätzende Atmosphäre.

2. »Steter Tropfen höhlt den Stein.«
Kontrollieren Sie bewusst Ihre eigenen Sprachmuster.

3. »Wehre den Anfängen.«
Beobachten Sie bei anderen, wie oft »destruktive« Wörter benutzt werden.

4. »Nur wer sich selbst kennt, weiß, was er anderen zumutet.«
Schreiben Sie Ihre immer wiederkehrenden negativen Formulierungen auf, um sie besser identifizieren zu können.

5. »Jede Reise beginnt mit dem ersten Schritt.«
Nehmen Sie sich täglich ein oder zwei Anerkennungsrituale für nahestehende Menschen vor und führen Sie sie aus – auch wenn es schwerfällt.

6. »Gut Ding will Weile haben.«
Bleiben Sie dran!

7. »Es ist noch kein Meister vom Himmel gefallen.«
Lassen Sie sich von Rückschlägen nicht beirren.

8. »Erziehung ist Liebe und Vorbild.« (nach Kierkegaard)
Gehen Sie mit gutem Beispiel voran.

2

Die Dinge haben nur den Wert,
den man ihnen verleiht.

MOLIÈRE

Erkennen Sie Ihre Lebensmotive!

Was ist die Bestimmung des Menschen?
Was ist *Ihre* Bestimmung?
Welche Bilanz wollen Sie ziehen, am Ende Ihres Lebens?
Was soll auf Ihrem Grabstein stehen?

Dies ist kein Buch über *Gott* und *die Welt*, über *Religion*, *Ethik* oder *Moral*. Doch wir kommen um die gern verdrängte Erkenntnis, dass unser Leben endlich ist, nicht ganz herum.

Nehmen Sie sich ein Blatt Papier und, wenn Sie sehr genau sein wollen, eine Sterbetafel aus dem Internet. Mit Ihr errechnen Sie Ihre statistische Lebenserwartung, doch Sie können, wenn Sie erwachsen sind, auch einfach eine Erwartung von 80 bis 85 Jahren unterstellen. Zeichnen Sie eine Linie dieser 85 Jahre und markieren Sie die Lebensphasen (möglichst maßstabsgetreu), die Sie schon hinter sich haben: Kindheit und/oder Schule, Ausbildung, Studium. Berufliche Stationen, Heirat oder Kinder, sonstige wichtige Phasen und Veränderungen. Wie viel von Ihrem Leben bleibt Ihnen wohl noch? Zwei Drittel? Die Hälfte? Ein Viertel?

Wie viel auch immer es ist – es ist eine endliche Strecke. Sie lässt nicht Zeit für alles. Also müssen Sie Prioritäten setzen und entscheiden, was Sie damit tun wollen. Und Sie müssen auch entscheiden, welche Begebenheiten, Umstände und Situationen Ihres gegenwärtigen Lebens es wert sind, die Heiterkeit, den Optimismus, die Zuversicht und die Freude am Leben zu verlieren. Ist es nicht so, dass in der Rückschau der Ereignisse vieles von dem, was einer Katastrophe gleichzukommen schien, was dramatisch, schrecklich, erschütternd oder traurig erschien, eine veränderte Bedeutung bekommen hat, vielleicht sogar Ausgangspunkt einer neuen, anderen, ja besseren Entwicklung war? Dass manche Lebensphase, die uns *höllisch* vorkam, in der Gesamtschau der Ereignisse eher ein Beleg für unsere noch nicht ausgeprägte Fähigkeit zur Relativierung war? Das mancher Mensch, der unser Leben negativ zu färben drohte, kaum mehr eine Randnotiz unserer Existenz geblieben ist? Nichts, rein gar nichts bleibt, was es ist, wenn es der Vergangenheit angehört.

Verdrängte Sexualität ist die Triebfeder des menschlichen Handelns«, behauptete Sigmund Freud. Die moderne Psychologie hat mit neuen Motivationstheorien aufgezeigt, dass es keine ausschließliche Handlungsmotivation – sei es nun Sexualität, Macht oder Überlebenswille – gibt. Vielmehr bestimmen verschiedene Grundbedürfnisse unser Leben; davon sind jedem Menschen andere wichtig. Unverwechselbar, wie ein persönlicher Fingerabdruck, prägt die jeweilige Motivstruktur unsere Persönlichkeit.

Nehmen Sie sich, zumindest in Ihrer jährlichen Klausur, die Zeit, Ihre Bestimmung zu hinterfragen. Welche Aufgabe wollen Sie erfüllen, welcher Bestimmung möchten Sie genügen? Was sind Ihre Bedürfnisse?

15 bis, je nach Studie, 20 Grundbedürfnisse – oder auch Lebensmotive – hat man in der Motivationsforschung ermittelt: Macht, Unabhängigkeit, Wissen, Akzeptanz, Ordnung, Ehre, Idealismus, soziale Kontakte, Familie, Status, Rache, Liebe, Essen, körperlicher Bewegungsdrang, Ruhe, Sparen, Spiritualität und Fürsorge.

»Diese Bedürfnisse bestimmen unsere Alltagshandlungen und machen aus uns das, was wir sind«, sagt die Forschungsgruppe Motivanalyse. »Was Individuen so einzigartig macht, ist eine Kombination aus diesen Bedürfnissen und die jeweilige Relevanz dieser Bedürfnisse für den Einzelnen.« Gerade hinsichtlich der Auswirkung auf Emotionen und damit auch auf Stimmungen konnte die Motivationsforschung aufzeigen, dass das individuelle Motivprofil eines Menschen ein guter Kompass für Glücks- und Wohlfühlmomente ist. Je mehr Zeit und Aufmerksamkeit wir dem Lebensbereich widmen, in dem unsere starken Motive liegen, umso wohler fühlen wir uns, ja umso mehr steigt unsere Stimmung an. Umgekehrt gilt aber auch: Je häufiger wir uns in unserer alltäglichen Lebensbewältigung mit Anforderungen oder Motiven konfrontiert sehen, in denen wir uns als Persönlichkeit nicht wiederfinden, umso schlechter wird unsere Stimmung – mit all den bekannten Begleitumständen.

Ein Beispiel: Ein Mensch mit einem hohen Ordnungsmotiv, wird umso glücklicher sein, je mehr Ordnung er in seinem Leben herstellen darf und kann. Tätigkeiten, die etwas mit Ordnung und Struktur zu tun haben, begeistern ihn.

Die 18 Lebensmotive

Nach jüngsten Studien teilen sich menschliche Motive wie folgt auf:

Macht	Einfluss, Erfolg, Leistung, Führung
Unabhängigkeit	Freiheit, Selbstgenügsamkeit
Wissen	Wissen, Wahrheit
Anerkennung	soziale Akzeptanz, Zugehörigkeit, positiver Selbstwert
Ordnung	Stabilität, Klarheit, Organisation
Sparen	Anhäufung materieller Güter, Eigentum
Ehre	Loyalität, moralische Integrität
Idealismus	soziale Gerechtigkeit, Fairness
Beziehungen	Freundschaft, Freude, Humor
Familie	Familienleben, Erziehung eigener Kinder
Status	Prestige, Reichtum, Titel, öffentliche Aufmerksamkeit
Rache	Aggression, Konkurrenz, Kampf, Vergeltung
Eros	erotisches Leben, Sexualität, Schönheit
Essen	Nahrung und »Speisen«
Körperliche Aktivität	Bewegung, Fitness
Ruhe	Entspannung, emotionale Sicherheit
Fürsorge	Unterstützen, Helfen
Spiritualität	Sinn des Lebens, Glaube

Je mehr nun das Motivprofil eines Menschen aufzeigt, dass er sich vom Pol »strukturiert« entfernt und eher dem gegensätzlichen Pol »flexibel« nähert, umso mehr wird er im Alltag innere Widerstände erleben, wenn ihm Ordnungsaufgaben oder permanente Strukturherausforderungen auferlegt werden.

Darstellen lässt sich eine solche individuelle Verteilung der jeweiligen Antriebskraft in einem sogenannten Motivprofil:

Wissen	intellektuell	52 %	48 %	pragmatisch
Prinzipientreue	prinzipien-orientiert	66 %	34 %	zweck-orientiert
Macht	führend	70 %	30 %	geführt
Status	elitär	60 %	40 %	bodenständig
Ordnung	strukturiert	58 %	42 %	flexibel
Mat. Sicherheit	festhaltend	48 %	52 %	großzügig
Freiheit	eigenständig	62 %	38 %	team-orientiert
Beziehung	kontaktfreudig	45 %	55 %	distanziert
Hilfe/Fürsorge	fürsorglich	37 %	63 %	eigennützig
Familie	familien-orientiert	82 %	18 %	selbstbezogen
Idealismus	idealistisch	57 %	43 %	realistisch
Anerkennung	sensibel	25 %	75 %	selbstsicher
Wettkampf	kämpferisch	58 %	42 %	ausgleichend
Risiko/Stress	stress-robust	64 %	36 %	stress-empfindlich
Essen	genießerisch	53 %	47 %	genügsam
Körperliche Aktivität	bewegungs-freudig	89 %	11 %	bequem
Sinnlichkeit	sinnlich	31 %	69 %	sachlich
Spiritualität	sinnsuchend	37 %	63 %	rational

Zahlreiche wissenschaftliche Untersuchungen zeigen auf, dass das jeweilige Profil im Verlauf des Lebens äußerst stabil bleibt. Massive traumatische Erlebnisse oder ganz spezifische Einflüsse in der Entwicklung können zwar zu Veränderungen führen, unser Grundprofil aber charakterisiert unsere Persönlichkeit im Allgemeinen dauerhaft. So werden Kinder mit einem bereits stärker ausgeprägtem Lebensmotiv »Soziale Beziehung« auch als Jugendliche und Erwachsene kontaktfreudig und gesellig sein. Heranwachsende, die gerne planen und organisieren, werden dies auch als Erwachsene tun. Und Menschen mit einer ausgeprägten Lust am Essen werden sich voraussichtlich ein Leben lang mit Gewichtsproblemen plagen.

Die meisten Bedürfnisse sind genetisch bedingt, meint die Forschung. »Viele dieser Bedürfnisse beobachtete man schon bei Tieren. Sie scheinen daher eine Bedeutung für das Überleben zu haben«, erklären die Forscher. Allein Idealismus und das Bedürfnis, akzeptiert zu werden, hätten keine unmittelbare genetische Komponente.

Aus ihren Resultaten schließen die Forscher nicht nur, dass wir alle noch viel unterschiedlicher sind, als Psychologen bisher glaubten – die möglichen Kombinationen der unterschiedlichen Bedürfnisse ergeben über zwei Billionen Profile –, sondern dass »anders sein« neu bewertet werden muss. Ein Workaholic muss nicht unbedingt ein vor der inneren Leere Flüchtender sein. »Vielleicht«, so die Psychologen, »treibt ihn das Motiv *Status* an, sogar noch nächtelang an den eigenen Status*symbolen* zu arbeiten.«

Die Kenntnis der Lebensmotive und des jeweiligen Motivprofils ist eine wichtige und grundsätzliche Hilfe bei der Exploration der eigenen Glückspotenziale: Wer bin ich? Was will ich wirklich? Ohne diese Selbsterkenntnis kann es kein kluges und effektives Glücksstreben geben – weder für das Individuum noch für die Gesellschaft. Motive, Wünsche und Werte bestimmen unsere Handlungen und unser Leben. Sie sind der Stoff, aus dem wir gemacht sind, und die Art und Weise, wie wir diese Lebensmotive gestalten und erleben, verleiht unserer Existenz grundlegenden Sinn und Bedeutung.

Entscheidend ist dabei, dass Lebensmotive *keine* Mittel zum Zweck sind. Sie sind Motive und Verhaltensweisen, die sich selbst genügen – die Forschung spricht von *intrinsischer Motivation*. So kann Konkurrenz und Wettbewerb (»Rache«) ein Mittel sein, um seinen Status zu verbessern – für die Definition des Statusmotivs an sich ist dies aber unwichtig. Die entscheidende Frage, ob die Freude am Wettbewerb immer mit innerer Freude am Status zusammenhängt, muss man in diesem Fall verneinen.

Viele unserer Alltagshandlungen sind folglich von irgendwelchen Motiven bestimmt, die als Mittel zum Zweck dienen. So können wir Beziehungen pflegen, weil wir am sozialen Zusammenleben unmittelbare Freude empfinden (das Lebensmotiv »Beziehung«) oder weil diese Beziehungen beispielsweise unsere Macht- und Einflussbestrebungen fördern (das Motiv »Macht«).

Bei genauerem Hinsehen sind die übergeordneten höheren Zweckmotive die Lebensmotive. Es gibt keine anderen. Daher kann man mit dem Alphabet der Lebensmotive auch alle intrinsischen »Verhaltenstexte« schreiben. Dabei muss man besonderen Wert auf die individuellen Grundlagen legen. So wie kein Lebensmotiv von zwei Menschen identisch erfahren oder gestaltet wird, geht es im Gegensatz zu vielen anderen Motivationskonzepten letztlich weniger darum, ob alle Menschen diese »Lebensgründe« teilen, sondern wie sehr sie sich darin *unterscheiden*.

Wie die Forschung zeigt, hat jeder Mensch ein charakteristisches Bedürfnis-, Werte- und Interessenprofil. Wir sind viel individueller und einzigartiger, als Psychologen bisher meinten: »Was Menschen so einzigartig macht«, betont die jüngere Motivationsforschung, »ist die jeweilige Kombination dieser Bedürfnisse und was sie für den Einzelnen bedeuten.«

Jede einzelne Lebensmotivdimension muss als ein bipolares Kontinuum von zwei Motivpolen verstanden werden, auf dem jeder Mensch seinen ganz eigenen »Glückspunkt« hat. Wie unsere unverwechselbaren Fingerabdrücke ist jedem von uns ein unverwechselbares Motiv-Profil zu eigen – die Motivstrukturanalyse MSA zeigt die ganz persönliche Ausprägung der Lebensmotive.

Das neue Motiv- und Persönlichkeitskonzept unterscheidet sich also als Glückskonzept wesentlich von bisherigen Modellen der Glücksforschung, da es menschliches Handeln nicht auf einige wenige vermeintlich »absolute« Motive oder Triebe reduziert, wie dies beispielsweise hedonistische Glückstheorien oder Theorien vom biologischen Überlebenswillen, letztlich aber auch die Libido Freuds, der Machttrieb Adlers oder die »Selbstverwirklichung« Maslows tun.

Ihr persönliches Motivprofil hingegen zeigt auf, welchen Prioritäten Sie folgen müssen, um lang andauerndes, tiefes Glück und tiefe Befriedigung zu finden. Die Befriedigung Ihrer inneren Sehnsüchte wird Ihnen helfen, Ihr Leben als sinnvoll zu empfinden. Selbst wenn es Ihnen in Ihrem Leben versagt bleiben sollte, Ihre wichtigsten Ziele zu erlangen, wird allein das Streben danach, diese Ziele zu erfüllen, Ihr Leben sinnvoll und befriedigend machen. Umgekehrt werden Sie Ihr Leben als sinnlos empfinden, wenn Sie sich nicht darum bemühen, Ihre wichtigsten Lebensmotive zu befriedigen.

3

Alles beginnt mit der Sehnsucht.

NELLY SACHS

Erkennen Sie Ihr Glück!

Wie so viele individuelle menschliche Dispositionen können auch fundamentale Lebensmotive mit Hilfe psychodiagnostischer Untersuchungen ermittelt und erkannt werden. Doch auch eine eingehende Beobachtung der eigenen Antworten auf explorierende Fragen – wie zum Beispiel *Was mache ich gerne und was weniger gerne?* – kann unter Zuhilfenahme schriftlicher Dokumentation und Reflektion bereits ersten Aufschluss über die eigene Motivverteilung geben.

Tatsache ist, auf Basis der bereits vorgestellten Motiv-Struktur-Verteilung auf 18 Lebensmotive lässt sich auch ihr individuelles »Glücksmuster« definieren. Das ist ein erster wichtiger Schritt zur Selbsterkenntnis über ihre persönlichen Glücksbedingungen.

Wenn Sie sich über Ihre Motive klar oder zumindest klarer geworden sind, bleibt eine entscheidende Frage offen. Sind Sie in der Lage, Ihr wahres Glück zu erkennen?

Es gibt zwei verschiedene Arten des Glücks: das »Ich-fühl-mich-gut-Glück« und das Glück, das auf Werten basiert.

Das »Ich-fühl-mich-gut-Glück« bezieht sich auf angenehme Empfindungen und sinnliche Gefühle. Wenn Menschen eine gute Zeit haben, etwas essen, das sie besonders gerne mögen, eine gründliche Massage bekommen, wenn sie an einem schönen Sommertag mit Freunden an einem See bei Gegrilltem und Wein vor Glückstrunkenheit anfangen zu singen, dann empfinden sie das »Ich-fühl-mich-gut-Glück«. Die positiven Empfindungen werden dazu führen, dass sich die Menschen in diesem Moment gut fühlen, aber das innere Bedürfnis nach Sinngebung wird dadurch nicht erfüllt werden.

Im Gegensatz dazu bezieht sich das auf Werten basierende Glück auf das allgemeine Gefühl des »Sich-wohl-Fühlens«, das Menschen dann erfahren, wenn sie ihr Leben als sinnvoll empfinden. Wenn Menschen bei Überschwemmungen oder anderen Naturkatastrophen tagelang anderen Menschen helfen, fühlen sie sich dabei gut, obwohl die augenblickliche Empfindung vermutlich nicht gerade angenehm ist. Solche Hilfe führt zu auf Werten basierendem Glück und nicht zu »Ich-fühl-mich-gut-Glück«.

Die zwei unterschiedlichen Formen des Glücks unterscheiden sich insbesondere darin, wie lange sie andauern. Allgemein gesprochen dauert das »Ich-fühl-mich-gut-Glück« meist nicht viel länger als ein paar Stunden. Auch das Vergnügen, das Menschen empfinden, wenn sie einen guten Film anschauen oder ein paar vergnügliche Stunden verbringen, hält nicht länger an. Und weil das »Ich-fühl-mich-gut-Glück« nur kurz andauert, sind Menschen, die sich wünschen, dass ihr Leben mit »Ich-fühl-mich-gut-Vergnügungen« angefüllt ist, ständig auf der Suche nach neuem Nervenkitzel und neuer Stimulation. Der Kick muss immer intensiver und schneller einsetzen. Manche brauchen dazu Alkohol oder Drogen, was selten lange gut geht.

Im Gegensatz dazu kann das auf Werten basierende Glück über Jahre andauern. Es entspricht der launologischen – heiteren – Lebensgrundhaltung. Es ist fundamental und daher nicht dem Gesetz der sich abschwächenden Reize unterworfen. Menschen, die dieses Glück erleben, benötigen keinen ständigen Strom Vergnügen erzeugender Sensationen, denn sie leben in dem dauernden Gefühl, dass ihr Leben sinnvoll ist. Sie sind daher auch in der Lage, ganz einfache, alltägliche Lebenssituationen zu genießen. Ihnen entgeht keine Schönheit des Augenblicks, nicht das Zirpen der Grillen im lauen Sonnenuntergang, nicht die Kinder, die fröhlich im Garten herumtollen. Sie kennen den Wert eines Geschenks und empfinden Dankbarkeit für die Menschen, die sich um sie bemühen.

Auf Werten basierendes Glück ist andauernd, weil es in der Erinnerung und der wiederholten Betrachtung immer wieder erfahren werden kann. Beobachten Sie den Gesichtsausdruck von Menschen, die Erinnerungen von auf Werten basierender Glücksituationen aus der Vergangenheit hervorholen: Sie erkennen, dass diese Erinnerungen einer Kraftquelle gleichen, die immer wieder von Neuem ein Gefühl tiefer Befriedigung förmlich herbeizaubern.

So brauchen beispielsweise sich liebende Menschen nur an Stärke und Erleben in ihrer Beziehung zu denken, um auf Werten basierendes Glück zu erfahren. Eltern erfahren ein solches Glück, wenn sie die prägenden Erfahrungen wieder hervorholen, die sie bei der Erziehung ihrer Kinder – auch gemeinsam – gemacht haben. Forscher, Wissenschaftler oder

Lehrende finden dauerhafte Zufriedenheit in der Auseinandersetzung mit Fragen wissenschaftlicher Wahrheit.

Auf Werten basierendes Glück ist so gerade auch dann eine Kraftquelle, wenn das Gefühl des »Ich-fühl-mich-gut-Glücks« nicht präsent ist – und damit eine wichtige Schutzfunktion für Alltagsenttäuschungen und Depressionen. Eltern, die für ihre Kinder eigene Bedürfnisse und Wünsche zurückstellen, können entgegen manchem Alltagseindruck ein sehr befriedigendes Leben führen, auch wenn ihr Alltag von Momenten der Verweigerung und der Anstrengung geprägt ist. Seelsorger, Ärzte, Menschen in karitativen oder gemeinnützigen Einrichtungen ruhen in der Überzeugung, Sinnvolles zu leisten, mag auch der Alltag für Außenstehende nur Verzicht und hohen Altruismus in sich tragen.

Durch eine Motivanalyse können Sie für sich einen Lebensstil finden, der Ihre persönlichen Werte bestätigt. Ohne eine Kenntnis Ihrer Motive hingegen werden Sie im besten Fall zufällig glücklich sein. Wirkliches Glück entspringt der Sinngebung. Sinn entspringt unseren fundamentalen Sehnsüchten und Werten.

Das Empfinden von Glück ist sowohl ein Gefühl, als auch ein Zustand, in dem sich eine Person befindet und der sich durch ein allgemeines, oft unbewusstes Wohlbefinden auszeichnet. Entscheidend sind dabei nicht die objektiven Tatsachen, sondern das subjektive Erleben der betreffenden Person. Motivforscher verwenden deshalb statt des doch wenig greifbaren Begriffes »Glück« gerne den Begriff »Subjektives Wohlbefinden«. Und das finden wir nur in unseren Grundmotiven. Beides geht also Hand in Hand.

Hedonismus kann durch zwei unterschiedliche Lebensstile verfolgt werden, die die Forschung *Selbstnachgiebigkeit* und *Selbstverleugnung* nennt. Das Ziel eines *selbstnachgiebigen* Lebensstils ist, die Erfahrung sinnlichen Vergnügens zu maximieren. Der Hedonist auf der Suche nach Vergnügen erfährt das Leben als eine andauernde Party, eine rauschhafte Aneinanderreihung schneller Wunsch- und Bedürfnisbefriedigung. Er ist ununterbrochen auf der Suche nach neuen Reizen, Attraktionen, Kontakten, nach unbeschränktem Sex, Luxus und Nervenkitzel. Doch das Gesetz der sich abschwächenden Reize wirkt der inneren Begeisterung für all diese Aktivitäten ständig entgegen. Also ist diese Person permanent gezwungen, zu immer stärkeren Mitteln zu greifen, um den gewünschten Zustand – Nervenkitzel, Lust, Entspannung oder Anregung – zu erreichen. Das wird in der Realität zunehmend schwierig. Drogen können aber helfen, neue Reize zu setzen oder bekannte Reize zu verstärken. Sie sind ein weitverbreitetes Risiko selbstnachgiebiger (Vergnügen suchender) Lebensstile.

Wenn es in der ständigen Spirale der Reizerhöhung nur noch wenige Dinge gibt, die als aufregend empfunden werden, können wir das Gefühl entwickeln, es gäbe nichts mehr, was das Leben lebenswert macht. Dies führt zu tiefer Depression und gelegentlich zu jenen Suiziden, die wir vor den scheinbar exzellenten Lebensumständen der Selbstmörder zuerst nicht nachempfinden können: Elvis Presley, Marilyn Monroe, Romy Schneider, Rex Gildo, Kurt Cobain und Jennifer Nitsch sind einige der bekannten Persönlichkeiten, deren Freitod uns vor Rätsel stellt, weil sie doch scheinbar alles hatten, was uns – leider nur vordergründig – »glücklich« macht.

Im Gegensatz dazu gehört es zu den obersten Zielen des Lebensstils der *Selbstverleugnung*, die Erfahrung physischer Schmerzen und Unwohlsein – darunter auch Angst und Stress – zu minimieren. Solche Hedonisten verzichten etwa auf Nähe und Geborgenheit, um den möglichen Schmerz der Zurückweisung oder Enttäuschung zu vermeiden. Sie treiben keinen Sport aus Sorge vor dem Muskelkater oder der Verletzung, sie meiden jede Euphorie, weil sie nicht die Erfahrung eines Katers machen wollen. Sie vermeiden jede Investition, weil sie nicht den Schmerz empfinden wollen, der entsteht, wenn das teure Auto, das schicke Kleid, das Spielzeug gestohlen oder beschädigt wird. Ihr Ziel, dem sie alles unterordnen, ist es, das Leben so einfach und ruhig wie möglich zu bewahren.

Wenn diese Form des Hedonismus nachhaltig verfolgt wird, kann auch er in eine abwärtsgerichtete Spirale aus Depression, Verzweiflung und aus Selbstzerstörung führen. Wenn ein sinnerfülltes Leben nicht auch den unvermeidlichen Schmerz der Existenz wert ist, können wir als Mensch nicht existieren.

4

Ein Mann mit Geigenkasten unterm Arm fragt in Manhattan einen Passanten nach dem Weg.
»Wie komme ich in die Carnegie Hall?«
Der Passant schaut ihn kurz an und sagt im Weitergehen:
»Üben, üben, üben!«

Üben, üben, üben oder: Kein Fortschritt ohne Stillstand

Bis zum Höhepunkt seiner Karriere macht ein Tennisprofi etwa 1 Million Aufschläge, 45 000 sind es dann in einem durchschnittlichen Wettkampfjahr. Die Fehlerquote liegt dabei bei rund 50 Prozent, und selbst die Top 10 der Weltrangliste spielen jedes Jahr mehrere Matches, in denen sie mehr Doppelfehler als Asse schlagen.

Wenn wir etwas wirklich lernen, beherrschen und zu unserer eigenen Meisterschaft bringen wollen, müssen wir als Erstes – und Einziges – anerkennen: Der Weg dorthin ist lang und schwierig. Es gibt keine Abkürzungen und keine Tricks, es gelten die Gesetze schlichter Könnerschaft. Wir schlagen einen Weg ein, den wir nur dann bis zum Ende gehen werden, wenn wir Mühen, Rückschläge und zeitweise Stagnation in Kauf nehmen.

Das gilt auch für die Launologie.

Der Weg zur Könnerschaft verläuft in der Regel über mehrere Stufen. Plateauphasen, auf denen es nicht voranzugehen scheint, wechseln sich mit Phasen beschleunigten Lernens und sichtbarer Fortschritte ab.

Neue Ebenen der Kompetenz setzen fleißiges, hartnäckiges Üben auf einem niedrigeren Niveau voraus – auch wenn die Steilphasen des Fortschreitens auf sich warten lassen. Denn Lernen findet fast immer in Schüben statt. Es gibt kaum ein Gebiet, auf dem wir gleichmäßige, stetige Fortschritte machen. Der Neuropsychologe Karl Pribram erklärt dieses Muster so: Wenn wir etwas Neues lernen, müssen wir angestrengt und konzentriert bei der Sache sein, um alte Wahrnehmungs-, Denk- und Verhaltensmuster durch neue zu ersetzen. Nach und nach bildet sich dann ein »habituelles Verhaltenssystem« heraus, das tiefer reicht als das bewusste Denken und Tun – eine Art automatischer Antwort, eingeschliffen durch Üben – Üben, Üben, Üben. So entsteht ein Reflexbogen im Zentralnervensystem, der uns erlaubt, die Rückhand zu schlagen oder in fremder Sprache nach dem Weg zu fragen, ohne jedes Mal auf ein Neues überlegen zu müssen, wie wir es tun.

Selbst aus dem größten Genie kann nichts werden, wenn es sich nicht dafür entscheidet, den Weg des Meisters zu gehen«, sagt George Leonard, ein Aikido-Meister und Philosoph. »Dieser Weg ist mühsam, aber lohnend. Dieser Weg wird Ihnen unvorhergesehenes Leid bescheren, aber auch unerwarteten Lohn. Und: Sie werden nie an einem endgültigen Ziel ankommen.«

Gleich welche Qualität wir auf dem Weg zur Meisterschaft anstreben, vollzieht sich die Charakteristik des Lernens in kurzen Zeitintervallen des Fortschritts und dem anschließenden Rückfall auf ein Plateau, das aber weiterentwickelt ist als das vorherige. Die einzelne Fähigkeit oder Kompetenz auf dem Weg zur von uns gewünschten Qualität muss immer wieder neu geübt werden – im sicheren Bewusstsein, die meiste

Zeit auf einem Lernplateau zuzubringen, und um den Preis, scheinbar auf der Stelle zu treten. Plateauphasen sind wichtig, nicht obwohl, sondern gerade weil dort nichts Abenteuerliches und Aufregendes passiert und wir ausreichend Gelegenheit haben, neu Gelerntes zu Automatismen auszubauen.

Kleine Kinder sind risikobereit und unternehmungslustig. Sie wollen ein Lernplateau nach dem anderen erobern und akzeptieren geduldig die jeweilige Lernphase, die einem Fortschritt folgt. Wie geht diese natürliche Lernbereitschaft im Erwachsenenalter verloren?

Machen wir uns auf den Weg zur Meisterschaft, so wird uns als Erwachsener schnell klar, dass wir mit diesem Vorhaben ziemlich alleine dastehen. Allzu schnell müssen wir erkennen, dass wir in Konflikt mit unserer medial durchsetzten Konsum- und Leistungsgesellschaft geraten. Ihr hedonistischer Anspruch steht in einem natürlichen Gegensatz zur Meisterschaft. Marketing-, Kommunikations- und Werbeexperten, unterstützt von spezialisierten Psychologen, sind tagaus, tagein damit beschäftigt, uns in immer wieder neue Abhängigkeiten zu führen und zu Handlungen und Grundmustern zu verleiten, die uns – etwa beim Tabak- oder Alkoholkonsum – nachweislich schaden. Markentreue, Stammkundschaft, Geiz ist geil, Wohnst du noch oder lebst du schon, Ich bin doch nicht blöd – kleine, feine, perfide Botschaften allerorten. Ihre Botschaft ist einfach, ihr Ziel klar: Du brauchst mich – kauf mich.

Unsere Gesellschaft hat, wie wir ja bereits gelernt haben, Binnennachfrage, Exportüberschuss, Wirtschaftswachstum, Geschäftsindices und Börsenkurse zum Maß aller Dinge gemacht. Sie dominieren die Medien und das öffentliche Leben.

Alles, was diesen Götzen dient, wird hofiert und weiterentwickelt. Dabei haben wir ein ökonomisch fixiertes System um uns herum geschaffen, das von jedem Einzelnen ein anhaltend hohes Niveau an Konsum verlangt.

Der Kuchen ist bereits gebacken, die Familie und die Gäste haben sich mit strahlenden Gesichtern versammelt, um einem süßen Dreijährigen dabei zuzusehen, wie er die Kerzen auspustet. Der Wettlauf ist gelaufen und gewonnen, schöne junge Menschen springen voller Ekstase auf und ab (you can't beat the feeling), während sie nach einer eisgekühlten Dose Cola light greifen. Für anderthalb Sekunden werden Männer bei der Arbeit gezeigt, dann ist bereits Zeit für ein kühles Bier.

Diese Werbung suggeriert, dass das Leben in seiner höchsten Vollendung aus einer endlosen Aneinanderreihung von Höhepunkten besteht. Die Komödien und Seifenopern, die Krimiserien und MTV folgen dabei alle dem gleichen Muster: Wenn man eine halbe Stunde lang deftige Witze reißt, wird sich rechtzeitig zum letzten Werbespot alles zur Zufriedenheit gelöst haben. Die Menschen sind ziemlich gemein, arbeiten wenig und werden schnell reich. Kein Problem ist so schwierig, dass es nicht im Handumdrehen mit einem Revolver, einem befreundeten Gangster oder einem genialen Spruch gelöst werden könnte. Die verrückteste Phantasie, die man sich ausdenken kann, jedes angestrebte Ziel, kann sofort und bequem ohne Anstrengung erreicht werden, ist die einhellige Botschaft solch immer wiederkehrenden Szenarien in den Medien.

Schauen wir uns die Fernsehwerbung – einen der wesentlichen »Kulturmacher« der heutigen Zeit – an, dann wird klar, dass der Weg stetiger Übung, wiederkehrenden Trainings, der unterordnenden Konzentration auf ein einfaches Ziel, auf eine »Meisterschaft« nicht gerade »angesagt« ist. Warten, üben, sich Zeit lassen, Geduld und Kontemplation werden durch ein wahres Trommelfeuer von aneinandergereihten »Höhepunkten« ersetzt.

Es ist ein Weg des schier endlosen Genusses. Ein Höhepunkt jagt ohne Plateau und ohne Übungszeit den nächsten, eine Glückseligkeit die andere, ein erfüllter Traum wird vom nächsten abgelöst. Scheinbar mühelos wird ein Glanzlicht auf das nächste geschichtet. Von diesen Wertemustern und Rhythmen geleitet, überrascht es nicht, dass viele Menschen davon ausgehen, auch im täglichen Leben einen Höhepunkt an den nächsten reihen zu können. Damit hat die Konsumgesellschaft ihr Ziel erreicht.

Da es dem König aber wenig gefiel, dass sein Sohn, die kontrollierten Straßen verlassend, sich querfeldein herumtrieb, um sich selbst ein Urteil über die Welt zu bilden, schenkte er ihm Wagen und Pferd. »Nun brauchst du nicht mehr zu Fuß zu gehen«, waren seine Worte. »Nun darfst du es nicht mehr«, war deren Sinn. »Nun kannst du es nicht mehr« deren Wirkung, schrieb Günther Anders in der »Antiquiertheit des Menschen« zu diesem Phänomen.

Auf dem Weg zur launologischen Meisterschaft müssen wir lernen, die langen, manchmal zähen und mit Rückschlägen übersäten Phasen unserer Lernprozesse als wichtigen und uns voranbringenden Teil unserer Weiterentwicklung zu begreifen. Wir sind auch dann noch auf dem richtigen Weg, wenn sich Rückschlag an Rückschlag reiht und wir trotz allem Ringen mit uns selbst nicht ans Ziel zu kommen scheinen – vorausgesetzt, wir sind uns unserer inneren Entscheidungen uneingeschränkt bewusst. An Ihnen allein scheidet sich der Weg. Wenn Sie sich um Heiterkeit bemühen, wenn Sie Ihre Gewohnheiten ändern, wenn Sie Buch führen auch über die Fehlschläge und Misserfolge, ohne Ihr Ziel aus den Augen zu verlieren, werden Sie es schaffen. Denn nur aus dem Wissen um die Tücken und Fallstricke, die uns auf dem Weg zur launologischen Meisterschaft begegnen können, rührt die Erkenntnis, wie wertvoll uns die Heiterkeit geworden ist und wie gern wir die gelegentlichen Anstrengungen auf uns nehmen, für sie einzustehen.

Ein Fallstrick ist die uns allen bekannte innere Stimme, die uns vom Weg abbringen will: der innere Schweinehund. Er rückt die Plateauphasen ins falsche Licht und will Sie am Weiterkommen hindern.

H E L P D E S K

Erkennen Sie Ihren inneren Schweinehund!

Ihr innerer Schweinehund ist ein Persönlichkeitszug an Ihnen, den Sie gerne verleugnen:

- den Dilettanten,
- den Fanatiker und
- den Phlegmatiker.

Doch Sie werden sehen: Auch er hat eine Daseinsberechtigung, wenn Sie sich die Mühe machen, ihn als launologisch wertvoll einzustufen.

Die dilettantische Persönlichkeit

Der Dilettant geht mit großer Begeisterung an jede neue Herausforderung heran, sei es ein neuer Job, eine neue Beziehung, ein neues Spiel, eine neue Sportart oder ein neues Projekt. Er ergötzt sich an den Ritualen des Neuanfangs, an der neuen Ausstattung, an den neuen Fachtermini und dem Abenteuer der Ungewissheit. Voller Euphorie berichten Dilettanten im Freundes- und Bekanntenkreis über die ersten Erfolge ihrer neuen Strategie im Geschäft oder beim Erlernen einer neuen Sportart und erzeugen nicht selten den Eindruck, einem kommenden Weltmeister gegenüberzustehen. Nach wochenlanger Überschwemmung mit Fachausdrücken herrscht aber plötzlich Funkstille. Das »Loch«, das jeder kennt, der schon einmal die Lernkurve bei Tennis, Squash, einer Fremdsprache oder anderen Fertigkeiten aufmerksam beobachtet hat, trifft den Dilettanten wie ein Schock. Das Plateau wird nicht als Ort der ritualisierten Übung, sondern als Schande empfunden und ist mit Versagensängsten gespickt. Erklärungsversuche sind formelhaft und standardisiert: Es war »der Markt«, der noch nicht »reif«, oder der Lehrer, der überfordert war. Freilich: Die Ursachenanalyse bleibt dürftig, denn der Dilettant stürzt sich mit neuer Euphorie in das nächste Abenteuer, die nächste Herausforderung, in der er vielleicht sogar das zweite oder dritte Plateau erreicht, um aber auch da erneut zu scheitern.

In der Phase des Neubeginns klingt der Dilettant durchaus überzeugend. Seine Euphorie ist ansteckend. Im Glanze maximaler Identifikation mit dem neuen Unternehmen oder dem neuen Produkt erscheint er ein Wunder an Motivation und Können. Heerscharen von Strukturvertrieben leben von ihm – mehrfach sogar, wenn der gleiche Mensch nach wenigen Wochen oder Monaten das gleiche Hohelied von den Produkten des Wettbewerbers singt.

In der Partnerschaft verhält es sich ähnlich. Der Dilettant stützt und schätzt die Phase des Neubeginns. Doch beim ersten Anzeichen eines Plateaus fällt es ihm schwer, nicht gleich ins nächste Bett zu hüpfen, statt sich selbstkritisch unter die Lupe zu nehmen und Verhaltensänderungen einzuleiten.

Sinn und Zukunft blendet der Dilettant eher aus. Die Zugehörigkeit zu einer Weltanschauung, Religionsgemeinschaft, einer werte- oder zielgebundenen Organisation und deren Ritualen etwa ist meist nicht auf kurzfristigen Erfolg ausgerichtet und entzieht sich womöglich dem irdischen »return on investment«.

Die fanatische Persönlichkeit

Fanatiker sind ehrgeizige und gründliche Menschen, die sich in der Regel nicht mit einem 2. Platz zufriedengeben. Führungsfanatiker lassen aufstrebenden Mitarbeitern keinen Raum. Sie sind auf Perfektion ausgerichtet und bereit, jeden Preis dafür zu zahlen. Für sie zählt nur das Ergebnis – wie es erreicht wird ist bedeutungslos. Als Führungskräfte sind sie dynamische und vorwärtsstrebende Menschen, an Körperhaltung und kraftvoller Gangart gelegentlich schon erkennbar.

Sie machen beim Lernen schnell Fortschritte. Bis zum ersten oder zweiten Sprung auf ein Plateau sind sie hoch motiviert. Fallen sie nun allerdings zurück, weigern sie sich, dies anzuerkennen und zu akzeptieren. Sie treiben sich an, um schnellere Ergebnisse zu produzieren. Oft arbeiten sie Tag und Nacht. *»Der typische Manager«* neigt zum Fanatismus. Auf kurzfristige und vorzeigbare Erfolge programmiert, versucht er, die Umsatzkurve kräftig nach oben zu treiben, selbst wenn das bedeutet, langfristige Entwicklungen, strategische Planungen und wichtige Zukunftsinvestitionen – etwa in Menschen – hierfür zu opfern.

Im Kontakt- und Beziehungskontext leben Führungsfanatiker für den Aufschwung, die anschwellende Hintergrundmusik, die Reise zu den Sternen. Sie sind das Gegenstück zum Dilettanten. Wenn die erste Leidenschaft abgekühlt ist, sehen sie sich nicht nach Neuem um, sondern versuchen mit allen Mitteln, das Schiff auf dem gewünschten Kurs zu halten: durch extravagante Geschenke, außergewöhnliche Reisen, durch erotische Eskalation oder melodramatische Inszenierung. Sie realisieren nicht, dass Entwicklungsabschnitte auf der Ebene des Plateaus notwendig und wichtig sind. Die Beziehung wird zur Achterbahnfahrt dramatischer Trennungen und leidenschaftlicher Versöhnungen. Der unvermeidliche Bruch bringt anschließend umso mehr seelischen Schmerz und Beziehungssumpf, liefert dem Fanatiker aber wenig Einsicht in die Konsequenz, aus der Krise zu lernen und an der eigenen Selbstentwicklung zu arbeiten.

Die phlegmatische Persönlichkeit

Phlegmatiker sind ganz anders. Sie lieben das Plateau – aber nur, um sich auf unbegrenzte Zeit dort häuslich einzurichten. Bequem und komfortabel soll es sein, und am besten lebt es sich in einer Gruppe Gleichgesinnter.

Im Leistungsbereich von Arbeit und Beruf, also dem Bereich der fachlichen Kompetenz, finden wir hier diejenigen, die sich nicht für Fort- und Weiterbildung interessieren, und jene Manager, die die persönliche Weiterentwicklung als Schwäche oder Aufgabe untergeordneter Mitarbeiter definieren. Während der Arbeitszeit tun sie gerade genug, um nicht aufzufallen. Am Abend gehen sie pünktlich (oder früher), machen Pause, reden, statt zu arbeiten, und wundern sich dann, warum sie nicht befördert werden.

Ein Arbeitstypus, den wir, wie der Kölner Soziologe Prof. E. Scheuch in seinen Studien herausgefunden hat, bevorzugt im öffentlichen Dienst und bei Beamten finden.

In Beziehungen wie auch im Umgang mit sich selbst ist der Phlegmatiker nicht auf Entwicklung und Lernen ausgerichtet. Er gibt sich mit Statik ein Leben lang zufrieden. Das Nachlassen der Konzentration, das Zunehmen von Körpergewicht, Unbeweglichkeit und Rückenschmerzen akzeptiert er als Preis der Bequemlichkeit.

Sein Leben verläuft nach definierten Rollen und klaren Vorgaben. Problematisch wird es allerdings, wenn – wie in der heutigen Zeit – die Zeitabläufe von Veränderungen dramatisch schnell werden, die Werkzeuge der Vergangenheit stumpf sind, die Lebens- und Kontaktpartner, ob im Beruf, im Sport oder in der Ehe, sich entwickeln und verbessern. Beziehungsprobleme drohen, wenn der Partner auf einem anderen, weit entfernten Plateau sein Leben einrichtet oder die berufliche Qualifikation gänzlich neue Orientierungen fordert.

Denken Sie immer daran: Es schadet uns nicht, wenn wir für einen Moment dilettieren, fanatisieren oder uns dem Phlegma hingeben. Entscheidend ist, ob wir unseren Zustand erkennen und willens und in der Lage sind, ihn zu verlassen. Entscheidend ist, ob wir auch über unsere eigenen Schwächen hinweg an unseren Zielen festhalten. Verfestigen sich unsere Ziele, bestärken wir uns immer wieder aufs Neue in unseren Entscheidungen und Vorhaben, werden wir in Heiterkeit zur Meisterschaft gelangen.

TEIL 6

Mit neuem Schwung durchs Leben

1

Laune löst, was Laune knüpfte.

FRIEDRICH VON SCHILLER

Launologie ist die Zukunft

95 600 000 Internetseiten bietet Google in vier Hundertstelsekunden zum Schlagwort »Depression« an.
1 060 000 Internetseiten bietet Google in vier Hundertstelsekunden zum Schlagwort »Heiterkeit« an.

Nörgelei, schlechte Laune, Depression – sie sind weiter verbreitet als die Heiterkeit. Auf einen Launologen kommen 100 Missmutige. Sie regieren die Welt. Sie machen Gesetze, Verordnungen und Vorschriften. Sie verkaufen Ihnen gepanschten Rotwein und Aspirin, Schönheitsoperationen und Unfallversicherungen mit Krankentagegeld. Sie berichten Ihnen die neuesten Nachrichten. Sie machen Ihre Zeitung. Sie bringen Ihnen die Klimakatastrophe, Kriege, Gesundheitsreformen und Rentenprobleme. Sie schreien »Skandal« und rufen »Rücktritt«, ohne etwas zu gestalten, etwas Positives zu befördern, ohne je für irgendetwas einzustehen – den eigenen Vorteil ausgenommen.

Launologen sind eine kleine Gruppe, zugegeben. Aber sie haben einen unschlagbaren Vorteil: Ihnen gehört die Zukunft. Denn Heiterkeit wird die Welt revolutionieren.

Depressive schreiben keine Opern. Missmutige bauen keine Kirchen und Paläste. Negaholiker glauben nicht an eine Zukunft. Sie sind destruktiv. Sie verwenden ihre Energien auf die Bewältigung des Vergangenen, auf die Auseinandersetzung mit dem, was war, nicht mit dem, was kommen könnte. Sie gestalten nichts.

Ein Beispiel: Stellen Sie sich vor, Sie haben an einer sehr unübersichtlichen Kreuzung einen Autounfall. Glücklicherweise ist niemand verletzt. Doch an Ihrem und dem Auto des anderen Unfallfahrers (wir nennen ihn üblicherweise Unfall*gegner*) ist ein erheblicher Blechschaden entstanden. Sie stehen nun zusammen, schauen auf die verbeulten Autos und überlegen, was zu tun ist.

In unserer Gesellschaft ist ein übliches Szenario nun das folgende: Beide Fahrer beschimpfen sich – mehr oder weniger. Irgendwann einigen sie sich darauf, die Polizei zu rufen. Sie erscheint rund eine Stunde später. In dieser Zeit haben beide Unfallfahrer zumindest einen wichtigen Termin verpasst und – je nach Witterung – entweder einen Schnupfen oder schweißnasse Kleidung.

Die wegen des anschließenden Schreibkrams wenig freundlichen Beamten begutachten Fahrer und Fahrzeuge und nehmen anschließend in einer vergleichsweise aufwendigen Prozedur die Daten der Fahrer und der Fahrzeuge auf. Das dauert eine weitere halbe Stunde. Anschließend schreiben sie auf dem Revier an einem alten Computer mindestens eine Stunde ein Unfallprotokoll, während die Unfallbeteiligten entweder auf einen Abschleppwagen warten oder gestresst weiterhetzen, um die Verspätung aufzuholen.

Nicht selten kommt es anschließend zu einem Gerichtsverfahren über die Unfallschuld. Dazu beauftragen beide Seiten Anwälte, die sich sodann mit ihren Mandanten vor einem teuren Spitzenbeamten, einem Richter, treffen, um in mehreren Stunden und unter Zuhilfenahme von Sachverständigen und Zeugen die Schuldfrage zu klären. Das Ergebnis ist meist allseits unbefriedigend. Vielleicht gibt es noch ein Berufungsverfahren. Der Unfall liegt jetzt schon zwei Jahre zurück. Niemand kann sich mehr genau erinnern, was passiert ist. Gerichtstermin, Ortsbegehung, neues Gutachten – das ganze Verfahren ist ein Quell permanenten Ärgers.

Drei Jahre nach dem Unfall ist dann endlich alles geregelt. Der Schaden an beiden PKW zusammen betrug 5000 Euro. Der Aufwand, um die Schuldfrage zu klären (60 : 40 zu Lasten Ihrer Versicherung), belief sich auf 15 000 Euro insgesamt: 4000 Euro für die Anwälte, 3000 Euro für das Gutachten, 5000 Euro Aufwand im Justizapparat sowie 3000 Euro für die Kosten der Polizei und der Versicherung.

Seien wir ehrlich: Ist das sinnvoll? Ist das konstruktiv? Schafft es irgendeinen Mehrwert, einen gesellschaftlichen, zivilisatorischen Fortschritt? Hat irgendeiner der Beteiligten einen echten Gewinn erzielt, wenn man davon absieht, dass Richter, Polizisten und Anwälte mit der Vergangenheit ihr Geld verdienen? Nein. Ganz im Gegenteil: Der Frust bei den Beteiligten ist hoch. Sie selbst ärgern sich über das ungerechte Urteil und zweifeln an unserem Rechtsstaat. Der Richter und die Polizisten, tagtäglich mit Unfällen, Streit und Abgründen beschäftigt, zweifeln am Sinn ihres Tuns. Der Zeuge fragt sich, warum Menschen wegen solcher Kleinigkeiten einen derartigen Aufwand treiben. Nur die Anwälte und der Gutachter sind zufrieden und hoffen insgeheim, die Unfallraten mögen steigen.

Sinnvoll und zukunftsweisend wäre es, wenn all diese Beteiligten ihre Konzentration (immerhin im Wert von 15 000 Euro) darauf richteten, einen Unfall zu vermeiden. Das scheint banal. Aber stellen Sie sich vor, all die Gerichte, Sachverständigen, Versicherungsmanager und Verkehrsteilnehmer würden die Unsummen, die jedes Jahr für die Nachbereitung von Unfallschäden ausgegeben werden, in die Verhinderung von Unfällen investieren – ob dann immer noch 6000 Menschen jährlich im deutschen Straßenverkehr sterben würden? Wäre es nicht wahrscheinlicher, dass wir intelligente Verkehrsleitsysteme, entspannte Fahrer und weniger Staus und Umweltbelastung hätten?

Das Beispiel ist plakativ. Doch betrachten Sie unsere Gesellschaft und die gesellschaftlichen Mechanismen, die uns begleiten: Der Staat ist massiv überschuldet – Altlasten. In Ihrer Abteilung passiert ein Fehler – wer war der Verantwortliche? Ihr Jüngster verhaut die Deutscharbeit – und quält sich anschließend stundenlang durch die »Berichtigung«. Die Beziehung kriselt – und Sie diskutieren längst Vergangenes, um die Verantwortung für die aktuellen Schwierigkeiten am Partner festzumachen.

Eine heitere Lebenshaltung einer launologisch geprägten Gemeinschaft kennt solche Phänomene nicht. Sie ist zukunftsgewandt und vorausschauend. Sie stört sich nicht an den Abwehrschwierigkeiten, sondern konzentriert sich, wie einst Jürgen Klinsmanns WM-Team, auf ein dynamisches Offensivspiel. Sie investiert, statt zu verwalten. Sie gestaltet aktiv Zukunft und nimmt Fehler der Vergangenheit allenfalls als Ansporn, schnell dazuzulernen. Sie entwickelt sich. Ein rauschender Jahrhundertsommer ist ihr kein »Sommermärchen«, sondern Normalzustand. Sie lebt Gemeinsamkeit und Nachsicht, Toleranz und Wohlwollen. Revanche und Rache, allein aus Kränkungen erwachsende Gefühle, sind ihr fremd. Sie ist fokussiert auf Chancen, Selbstverantwortung und Chancengleichheit und regelt ihr Zusammenleben in selbstverständlichen ethischen Dimensionen. Glück, Heiterkeit, Lebenszufriedenheit sind ihre Maßstäbe. Materielles ist Begleitung, mehr nicht. So vermeidet sie Kränkungen, Streit und Zerstörung. Damit schont sie ihre Energien und Ressourcen.

Sie ist jeder anderen sozialen Lebensform weit überlegen.

2

Heiterkeit und Freudigkeit
ist der Himmel,
unter dem alles gedeiht.

JEAN PAUL

Die launologische Revolution – wie sie gelingt und was sie uns bringt

	Vanuatu	Deutschland	USA
Happy-Planet-Index (Rang)	1	81	150
Militärausgaben je Einwohner (in US-Dollar)	0	200	1310

Das Geheimnis einer heiteren Lebenshaltung liegt darin, den Blick von den eigenen Bedürfnissen weg auf das zu lenken, was anderen Menschen an uns hilfreich und nützlich ist. In uns hineinzuschauen bringt uns wichtige Selbsterkenntnisse. Gleichwohl ist es nur der Anfang auf dem Weg zur launologischen Meisterschaft. Denn die bloße Auseinandersetzung mit uns selbst lässt uns nach einiger Zeit in unserem eigenen kleinen, mehrfach animierten Bedürfnis-Kosmos kreisen wie die Motten um das Licht. Erst der Blick auf andere, und damit verbunden die ernsthafte, erwachsene Auseinandersetzung mit der Frage, wie wir hilfreich sein können für die sozialen Gefüge, in denen wir leben, lässt uns zu einem Baustein werden im jeweiligen System, gleich ob in der Familie, im Freundeskreis, im Beruf, in der Gemeinde, dem Verein.

Auf den ersten Blick scheint dies ein Widerspruch zu sein zu dem Konzept, das wir Ihnen offerieren. Schließlich sollen Sie doch gerade eine ehrliche und vor allem sorgfältige Bestandsaufnahme Ihrer selbst machen, Lebensmotive erkunden, Lebensziele definieren und Maßstäbe zurechtrücken. Wo, werden Sie fragen, bleibt denn da fürs Erste noch die Zeit, sich mit den Mitmenschen zu beschäftigen? Gerade lerne ich mich besser kennen, ändere meine Gewohnheiten, beginne von Neuem mit dem Sport, treffe wichtige Entscheidungen für meine Zukunft – und plötzlich soll ich auch noch mit wachem, wohlwollendem Blick mein Gegenüber würdigen und respektieren, soll Hilfe leisten, wo immer ich gebraucht werde?

Der scheinbare Widerspruch ist schnell gelöst, wenn wir uns deutlich machen, dass wir uns als Mensch, als Persönlichkeit überhaupt nur klären und erklären lassen in der Relation, der Beziehung zu anderen Menschen. Ohne Gegenüber oder Mitmensch sind wir buchstäblich nicht zu begreifen, quasi *unbeschreibbar*. Unseren Körper können wir einigermaßen vollständig noch mit Hilfe eines Spiegels betrachten. Doch unsere Persönlichkeit, unsere Seele, unseren Geist? Was wüssten wir über den Wert unserer Gedanken, über unsere Gefühle, ihre Berechtigung, ihren Sinn, ihre Botschaften, wenn wir nicht den »Eindruck« wahrnehmen könnten, den wir auf andere machen? Was wüssten wir über uns, wenn es nicht die Rückmeldung, das *Feedback* unserer Familie, unserer Freunde, unserer Lehrer gäbe, das uns zumindest ahnen lässt, wie wir auf andere wirken? Was nützten uns all die Adjektive, mit denen wir uns beschreiben, wenn es nicht einen Vergleich gäbe, der als Maßstab dient. »Er ist groß« ist abstrakt und als Information für uns eigentlich unbrauchbar – »Er ist größer als dein Bruder« oder »Sie ist so groß wie ich« hingegen gibt uns ein handhabbares Bild von unserem Gegenüber. »Du bist selbstbewusst«, »ehrgeizig«, »ordentlich« oder »kreativ« sagt uns dann etwas über uns selbst, wenn wir einen Eindruck davon haben, wie es andere mit Anerkennung, Leistung, Ordnung oder Kreativität halten.

Indem wir uns mit anderen beschäftigen, beschäftigen wir uns in gleicher Weise mit uns selbst. Denn wir gestalten unser Abbild, unseren Eindruck, unsere Spuren in den anderen. Wie wir mit anderen umgehen ist ein Synonym dafür, wie wir es mit uns selbst halten. Tun wir dies grundsätzlich in einer freundlichen, heiteren und wohlwollenden Weise, die sich auf das Positive konzentriert, oder sind wir missmutig, misstrauisch und destruktiv, wenn wir unsere privaten wie beruflichen Beziehungswelten gestalten?

Entscheiden wir uns für das Erstere, werden wir Freundschaften schließen, Wohlwollen und Mitmenschlichkeit schenken *und* erfahren. Wir werden den anderen freundlich und respektvoll begegnen und dabei mit uns selbst die engste Freundschaft schließen, weil der Spiegel unseres Verhaltens uns ein positives Bild von uns selbst präsentiert. Wir werden entspannt lachen über unsere eigenen Fehler, die wir den anderen erst recht nicht nachtragen, und für jeden positiven Lebensansatz, jeden heiteren Moment des Lebens dankbar und bereit sein.

Entscheiden wir uns hingegen für die zweite Variante, werden wir unsere negative Grundhaltung den anderen gegenüber mehr als bestätigt finden. Misstrauen und Boshaftigkeit, Betrug und Aggression werden unsere Begleiter, die uns das Leben zu einem Vorhof der Hölle und uns selbst zu unserem ärgsten Feind werden lassen, den wir selbst mit Alkohol, Medikamenten oder noch schwereren Drogen nicht ertragen, der uns krank macht, uns zerstört. Wir werden auf ewig verlieren, weil wir uns entschieden haben, nicht zu den Gewinnern zu gehören. Gewinnen können nur die Heiteren, gewinnen werden die Launologen.

Heiterkeit führt uns konstruktiv an andere Menschen heran. Mit ihnen gemeinsam erschaffen wir etwas. Aufgebaut auf Zuversicht und Hoffnung planen, gestalten, entwickeln wir etwas, zum Nutzen aller. Widerstände sind sportlicher Ansporn, Schwierigkeiten Herausforderungen, Rückschläge lehrreiche Lektionen. Während die Missmutigen aufgeben, Bedenken tragen, Einwände und Sorgen haben oder »schaffen wir sowieso nicht« murmeln, lachen die Launologen dem Negaholismus freundlich ins Gesicht. Wäre das Leben ein Wettrennen, wären die Depressiven und schlecht Gelaunten schon längst abgehängt.

In unserer Gesellschaft sind wir darauf bedacht, Ausgleich herzustellen. Deshalb begegnen wir selbst den missmutigen Bedenkenträgern noch mit Zurückhaltung und Respekt. Doch die Erkenntnis setzt sich durch, dass die Freischärler der schlechten Laune mehr sind als die notwendigen Gegenpole positiver Lebenshaltung. Sie sind zum ersten Mal in der Geschichte als Gruppe in den Blickpunkt der Betrachtung gerutscht, sind endlich Gegenstand der Diskussion. »Die Angst ist am Zug«, titelt *Die Zeit* im Juli, eine deutsche »Welt aus Schmerz und Stille« diagnostiziert *Der Spiegel* im August 2006, »Das Unwohlsein wächst«, erkennt *Der Tagesspiegel* eine Woche später. Stimmung ist kein belangloses Phänomen mehr, schlechte Laune keine Randnotiz. Gemütszustände werden wahrgenommen und benannt, ihre gesellschaftliche, volkswirtschaftliche Bedeutung mit eindrucksvollen Daten untermauert: Seit 1994 ist die Zahl psychisch erkrankter Arbeitnehmer um 80 Prozent gestiegen. Wirtschaft und Gesundheitssystem kostet dies zusätzliche Milliarden. Lebenshilfe verbraucht rund zwei Prozent unseres Bruttosozialprodukts. Jeder zehnte Deutsche leidet unter behandlungsbedürftigen Angststörungen, jeder vierte hat mindestens einmal in seinem Leben eine schwere depressive Episode. Deutschland hat eine der weltweit führenden Suizidquoten und seine Bürger sind nicht einmal zu einem Bruchteil so lebensfreudig und zufrieden wie die Menschen in Kolumbien, Nicaragua oder El Salvador – Länder, die die meisten unter uns schon bei ihrer Nennung schaudern lassen.

Der Befund klingt dramatisch – und ist doch zugleich die gute Nachricht. Denn unsere Laune ist Punkt ernsthafter Befassung und somit zwangsläufig Gegenstand des Vergleichs. Lebenskonzepte werden gewogen und betrachtet, auf Sinn und Nutzen untersucht, und urplötzlich ist der Heitere, der Launologe Vorbild. Seine Beziehungen sind konstruktiv, seine Zukunftshaltung positiv und hoffnungsvoll, seine Gesundheit besser als im Durchschnitt, seine Lebenserwartung ist höher und seine Wirkung auf die Umwelt in jeder Hinsicht förderlicher als die des Griesgrams und des Negaholikers.

Damit ist der Launologe lebensphilosophisch Weltranglistenerster. Allmählich wird er als solcher auch erkannt. Nicht lange, und er wird der Maßstab, an dem sich Lebenshaltung messen lassen muss – wer könnte ihm da widerstehen?

Wir Menschen entwickeln uns. Launologen erkennen das. Während der Rest der Welt jammert über Dummheit und Kriege, Ungerechtigkeiten und soziale Armut, Individualisierung und Neokapitalismus, Globalisierung und Bevölkerungsexplosionen, nimmt der Heitere erfreut zur Kenntnis, dass es neben all den unbestreitbaren Defiziten menschlicher Gesellschaften auch gewaltige Fortschritte in unserer Entwicklung gibt. Wir haben ein Völkerrecht geschaffen und Menschenrechte definiert – Regeln, die für den ganz überwiegenden Teil der Welt verbindlich sind. Wir haben Überzeugung von Fanatismus getrennt, Aufklärung erlebt, Verständigung hergestellt. Unrecht, Zerstörung, Ungleichheit und Ausgrenzung erregen in weiten Teilen der Welt den gleichen Widerspruch. Staaten arbeiten miteinander und nicht länger gegeneinander, wildfremde Menschen schließen sich in Nichtregierungsorganisationen (NGO's, zu deutsch NRO's) über alle ethnischen, religiösen, kulturellen und erst recht nationalen Grenzen hinweg zusammen. Frieden ist weit häufiger als Krieg. Junge Menschen bereisen die Welt, um zu lernen, zu studieren. Es geht voran – holprig manchmal, langsam, mit all den Rückschlägen und doch – voran. Der Weg zur menschlichen Größe ist immer steinig, ob nun für den Einzelnen, Gesellschaften oder uns Menschen alle miteinander.

Die Auseinandersetzung mit den inneren Zuständen, den Launen des Einzelnen lässt uns die vermeintliche Wechselhaftigkeit des menschlichen Wesens besser verstehen. Sie liefert uns ein Gefühl für die mannigfachen Umwelteinflüsse, die unsere Stimmung und damit unser Erleben, Denken und Handeln beeinflussen. Die Launologie wird so in kurzer Zeit dazu führen, dass beispielsweise neben dem materiellen Wert, der sozialen Sicherheit oder dem Unterhaltungsfaktor einer Sache vor allem der launologische Wert oder die launologische Wirkung eines Produkts, einer Gegebenheit oder eines Tuns im Mittelpunkt der Betrachtung steht. Denn wir werden suchen, was uns heiter, und nicht, was uns missmutig und depressiv macht.

Selbst der trübste Wintertag produziert eine Lichtstärke nicht unter 2500 Lux. 10 000 Lux sind es an einem heiteren Dezember-, bis zu 100 000 Lux an einem Sonnentag.

2000 Lux reichen aus, die körpereigene Endorphinproduktion stärker zu stimulieren als alle Psychopharmaka.

500 Lux sind nach DIN 5035-2 für die Beleuchtung am Büroarbeitsplatz vorgeschrieben.

Wir fahren im Winter in die Sonne, nicht ans Nordkap. Wir sitzen im Sommer draußen, nicht im Keller. Wir wollen unsere Zeit, unsere Energie und unser Geld in Dinge investieren, die uns Freude machen, die Heiterkeit verbreiten, die uns stark machen und leistungsfähig halten, die unserer Gesundheit förderlich und unserer Umwelt zuträglich sind. – Schließlich haben wir nun die Wahl.

All das setzt voraus, sich mit den Wirkungen unseres Essens, unserer Getränke, unserer Lebensgewohnheiten, Arbeitsbedingungen und Freizeitvergnügungen auf unsere innere Verfassung immer tiefer zu beschäftigen, was zwangsläufig einiges zurückdrängt, was heute noch scheinbar felsenfest in den Regalen und Kühltruhen der Supermärkte oder den Schubladen der Politiker, Meinungsforscher, Unterhaltungsmacher, Freizeitgurus oder Manager liegt. Fastfood liefert gewaltige Umsätze, doch der Salatanteil steigt unaufhörlich. Werbemilliarden befeuern Fernsehen, Computer und

Erlebniswelten, doch der Durchschnittskonsum der Flimmerkiste bleibt trotz unbegrenztem Angebot konstant.

Wir haben die Wahl zwischen handhabbaren Lebenskonzepten. Jenseits (oder, je nach Geschmack: diesseits) der Religion und Weltanschauung geht es darum, Lebensentwürfe zu gestalten und Lebensphasen zu modellieren, die einen klaren, transparenten, gelassenen und befriedigenden Wert für unser Dasein haben. An diesen Werten ausgerichtet werden wir unsere Entscheidungen treffen. Schon heute orientiert sich die Hälfte aller Hochschulabsolventen bei der Stellenauswahl an dem Platz, den ein Unternehmen oder eine Organisation in den diversen Rankings für die beliebtesten Arbeitgeber einnimmt. Morgen werden alle Arbeitnehmer wie selbstverständlich mit in die Waagschale werfen, ob eine berufliche Veränderung nicht nur Geld, Prestige oder Sicherheit mit sich bringt, sondern auch, ob sie launologisch wertvoll ist. Die gut gelaunten, positiv gestimmten Arbeitnehmer, Führungskräfte oder Mitarbeiter werden »benchmarks« setzen, wenn es um Unternehmens- und Organisationskultur geht. Sie werden die Attraktivität ihres Hauses, ihres Unternehmens steigern und qualitativ den missmutigen Wettbewerbern zunehmend überlegen sein, weil heitere und entspannte Mitarbeiter weit leistungsfähiger sind als verängstige und gestresste.

Zugute kommt der Heiterkeit dabei, dass sie ansteckend wirkt. Sie haben recht, Missmut tut das auch. Wir selbst haben es ganz am Anfang geschrieben. Doch die Infektionschancen aufkommender Heiterkeit sind ungleich größer, weil wir uns gegen eine Ansteckung mit guter Laune regelmäßig weit weniger wehren als gegen den Missmut und das Elend einer Depression. Zudem hat die neurobiologische und neuropsychologische Forschung mit der Entdeckung der sogenannten Spiegelneuronen die Automatismen positiver Wahrnehmungsmuster auch auf eine zuverlässige wissenschaftliche Basis gestellt.

Spiegelneuronen sind die Botenstoffe für unseren impliziten Wissensspeicher. Sie konnten mittlerweile in allen Zentren des Gehirns nachgewiesen werden, in denen Erleben und Verhalten gesteuert werden. Zuerst entdeckte man sie dort, wo zielgerichtete Handlungen geplant und gesteuert werden (in der unteren prämotorischen Hirnrinde). Sie sind Nervenzellen, die im Gehirn bei der Betrachtung eines Vorgangs die gleichen Potenziale auslösen, die entstünden, wenn wir diesen Vorgang nicht bloß (passiv) betrachten, sondern (aktiv) gestalten würden. Mit anderen Worten: Spiegelneuronen lassen uns erleben, was wir selbst nur beobachten.

In den letzten Jahren hat diese Entdeckung viel Aufsehen erregt. Spiegelzellen könnten den Schlüssel für das Verständnis von Empathie, Sprache und so für Kultur insgesamt darstellen. Sie stützen die Annahme, dass Erfahrungen, die wir mit anderen Menschen machen, biologische Prozesse beeinflussen und – hier entstand der Begriff der Neuroplastizität – sowohl den Stoffwechsel als auch die neuronale Architektur unseres Gehirns verändern können. Eine heitere Lebensgrundhaltung ist damit nicht nur erlernbar, sondern auch physiologisch derart wirksam, dass sie sich in unseren Gehirnbahnen dauerhaft verfestigt.

Netzwerke von miteinander verschalteten Nervenzellen kodieren in unserem Gehirn neuropsychologische und psychische Funktionen. Diese Verdrahtungen sind nicht nur das Ergebnis unseres eigenen Erlebens und Handelns, sondern repräsentieren in uns zugleich die umgebende Welt samt den in ihr gemachten Erfahrungen. Diese Verdrahtungen unterliegen abhängig von den gemachten Erfahrungen einer kontinuierlichen Umstrukturierung. Dies bedeutet: Die neurobiologische Basis unseres Seelenlebens unterliegt einem permanenten Wandel – abhängig von dem, was uns widerfährt, was wir erleben und insbesondere auch abhängig davon, was wir selbst tun. Üben wir eine bestimmte Betrachtungsform des Lebens ein, verlassen wir also nicht nur im übertragenen, sondern auch im biologischen Sinne die gegebenen Bahnen unserer Handlungsmuster. Wir beschreiten – real, emotional und neuronal – neue Wege. Während wir Heiterkeit sehen, lernen wir sie so also ganz automatisch. Sie verfestigt sich in uns mit jedem Mal, mit dem wir sie erneut beobachten und/oder selbst praktizieren.

Wollen wir dem Siegeszug der Heiterkeit den Weg bereiten und dem Kampf gegen Missmut, Übellaunigkeit und Griesgrämigkeit die nötige Durchschlagskraft verleihen, müssen wir heitere Vorbilder sein – egal ob als Ehemann, Freundin, Vorgesetzte, Chef, Dienstleister, Mutter, Erzieher, Lehrer, Taxifahrerin oder Vorstand. Denn unser Verhalten, unsere emotionalen Ansprachen, unser Unterrichten und Führen von Menschen legt den Grundstein für die heitere, zukunftsgewandte Stimmung unserer Umwelt. Zuzusehen, wie Menschen heikle Lebenssituationen durch Heiterkeit meistern, löst Handlungsimpulse und Nachahmung in die gleiche Richtung aus.

3

Zur Tugend, wie man zu sagen pflegt,
ist eigentlich
keiner so recht aufgelegt.

WILHELM BUSCH

Die sieben Tugenden der Launologie

Spätestens an dieser Stelle wird Ihnen beim Lesen ein sachtes Gefühl des Widerwillens und des Unwohlseins begegnen. Es rührt daher, dass wir mit dem Begriff der »Tugend« nicht selten in zweifelhaften Zusammenhängen konfrontiert werden. Tugend scheint moralische Kategorien zu umschreiben, die uns ein »Müssen« oder doch zumindest ein »Sollen« auferlegen. Das Freud'sche »Über-Ich« lässt grüßen! »Deutsche Tugenden« sind zudem in Zusammenhang mit der NS-Zeit meist negativ belegt, auch wenn sie jüngst als Synonym für Ausdauer, Kampf und Körpereinsatz im deutschen Fußball eine positive Wahrnehmung erfahren.

Keine Angst, um moralische Kategorien geht es uns beileibe nicht, auch nicht um Schweiß und Tränen oder ein 0 : 0 im Auftaktspiel zur Weltmeisterschaft. Vielmehr lohnt es, der Frage nachzugehen, ob nicht ein paar verallgemeinerungsfähige Werte unser menschliches Zusammenleben vereinfachen und Beiträge zur launologischen Fortentwicklung liefern können, ohne dass wir Dogmen, Anschauungen, Religionen oder Kulturen gleich in Gänze und dann zwangsläufig höchst kontrovers diskutieren müssen. Hinter den Tugenden verbergen sich ganz einfach tradierte Werte, die bis heute an Charme und Aktualität nichts eingebüßt haben. Sie sind auch ein Handwerkszeug des Launologen, ohne dass er je für sich in Anspruch nähme, irgendjemandem ethisch oder moralisch überlegen zu sein. Der Vorteil dieser Tugenden ist, universell, weltweit allgemeingültig zu sein. Ganz gleich, an welchem Ort der Erde Sie sich aufhalten, welcher Rasse, Kultur, Weltanschauung oder Religion Sie und Ihre Mitmenschen angehören – die Tugenden, die wir Ihnen anbieten wollen, werden stets Basis der Verständigung und des gedeihlichen, launologisch wertvollen Zusammenlebens sein können. Sie werden Heiterkeit verbreiten.

1. Demut

Unseren Status, unsere Position in der Familie, im Beruf, im Verein oder in der Gesellschaft beschreiben wir meist über das, was uns von den anderen materiell sichtbar unterscheidet. *Meine Frau, mein Haus, mein Auto, mein Beruf* – Kennzeichen unserer Person, die den anderen signalisieren, welche Erfolge, welche Leistungen, welche Errungenschaften und Besitztümer wir bislang anhäufen konnten. So schieben wir uns bewusst oder unbewusst in den Vordergrund. Das schmeichelt uns, hat aber auch zur Konsequenz, nun ständig in einem mehr oder minder deutlichen Wettbewerb mit anderen zu stehen. Wer kann, hat, macht mehr? Zwangsläufig konzentrieren wir uns ganz wesentlich auf uns, unsere Wünsche, Ziele und Bedürfnisse, während das Gegenüber zum Konkurrenten oder gar Neider wird.

Demut hingegen lässt uns innerlich entspannt zurücktreten. Sie nimmt uns die übertriebene Wichtigkeit, die Eitelkeit, das wiederkehrende, oft ermüdende Kreisen um unsere (scheinbare) Bedürfniswelt, die in einer immer individualisierteren Welt der einzig gültige Maßstab unseres Denkens und Handelns zu sein scheint. Stattdessen lenkt sie unsere Aufmerksamkeit auf unsere übergeordneten Ziele, auf unsere Werte und Ideale, und macht uns so zu einem aufopferungsvollen, mutigen, gütigen Arbeiter und Streiter für die richtige Sache. Ein harter Bruch mit der Ego-Maschinerie unserer Gesellschaft. Aber ein launologisch ausgesprochen wertvoller. Denn mit dem demütigen Aufgehen in einem größeren Kontext, etwa der Familie, dem Verein, der Politik oder dem Umweltschutz, wachsen wir über uns hinaus und erfahren die Befriedigung, wertvoller, geschätzter Teil einer größeren, nutzbringenden Idee zu werden.

2. Hilfsbereitschaft

Hilfsbereitschaft ist der Demut ähnlich. Sie bringt uns dazu, dem Nachbarn beim Umzug oder der älteren Dame mit dem Einkauf zu helfen und damit den Aufgaben oder Nöten unserer Mitmenschen für den Moment Vorrang vor unseren eigenen Interessen einzuräumen. Das macht uns als achtsame, soziale Wesen aus. Statt »Fun« und »Action« erfahren wir in der Hilfsbereitschaft den Wert des Füreinander-Einstehens und Helfens, ohne dafür eine Gegenleistung zu erwarten. Gemeinsam bewältigen wir die Herausforderung und überwinden so das, was uns in anderen Teilen unseres Lebens trennt.

3. Höflichkeit

Höflichkeit setzt die Fähigkeit voraus, die Erwartungshaltung des anderen zu erkennen. Sie fordert uns zur Aufmerksamkeit auf. Türen aufzuhalten, der Dame bei Tisch den Stuhl zurechtzurücken, freundlich zu grüßen, auf den eigenen Zeit- und Raumgewinn zugunsten des anderen zu verzichten – all das zeichnet die Höflichkeit aus. Wir dürfen sie nicht mit Etikette und »Benimm« verwechseln. Sie ist eine Haltung dem anderen gegenüber, kein einstudiertes Imponiergehabe, und wird jenseits aller kulturellen Eigenheiten stets Freude und Dankbarkeit auslösen.

4. Toleranz

Wenn wir uns in der Fähigkeit üben, die Andersartigkeit des anderen zu respektieren, nennen wir das Toleranz. Sie setzt eine geklärte Beziehung mit uns und unserer Umwelt voraus und hat nichts mit Gleichgültigkeit oder *laisser-faire* zu tun. Vielmehr bewahrt sie uns vor dem verbreiteten Reflex, die Andersartigkeit des anderen sogleich und dann meist negativ zu deuten und zu bewerten. Nur mit Toleranz können wir in Unterschiedlichkeit zusammenleben. Aufgeschlossenheit, Gelassenheit, Ehrlichkeit und Sich-selbst-Bewusstsein sind die Grundfeste der Toleranz, die wir stärken, wenn wir unser Interesse für andere und ihre Andersartigkeit in einer konstruktiven Weise leben, statt nur die eigenen Werte, Meinungen und Bedürfnisse ernst zu nehmen. Es gilt, Toleranz als aktive Tugend zu entdecken.

5. Gastfreundschaft

Wenn Sie Freunde und Familie, Nachbarn oder Bekannte nach Hause einladen, werden Sie ihnen Raum geben, ihnen die besten Plätze anbieten, sie bewirten, es ihnen angenehm und unterhaltsam machen. Keine Tugend ist uns Menschen derart heilig wie die der Gastfreundschaft. Ob bei den Inuit Grönlands in Eis und Kälte, in den Steppen Zentralasiens, ob in den Oasen der Wüsten oder den Lebensräumen der Nomaden, am Mittelmeer oder in Afrika – die Gastfreundschaft war immer auch ein Ausdruck dafür, dass wir als Menschen in einer vielfach unwirtlichen, feindlichen, lebensgefährlichen Umwelt leben, in der uns nur die Obhut anderer wirklich beschützen kann. Wenn wir Gastfreundschaft üben, erklären wir uns bereit, anderen diese Obhut zu gewähren.

6. Mitgefühl

Aufrichtigkeit und Mitgefühl öffnen uns für die inneren Zustände unserer Mitmenschen. Sie lassen uns Anteil nehmen am Schicksal und am Leben anderer. Sie befördern uns in eine andere Perspektive auf das Leben und erweitern unseren Horizont, ohne dass wir uns anmaßen, die Trauer und den Schmerz anderer zu verstehen. So drücken wir Verbundenheit aus. Mitgefühl fordert weder große Worte noch Taten, sondern unsere stille, duld- und aufmerksame Gegenwart und ein Einfühlen in die Welt des anderen. Begegnen wir dieser Welt mit Achtung und Respekt, wird sie uns bereichern.

7. Wohlwollen

Im Wohlwollen stecken die Hoffnung und der Optimismus, dass der andere, unser Kind, unser Schüler, der uns Anvertraute fortsetzt, was uns selbst wichtig und richtig erscheint. Es ist der alltägliche Beweis dafür, dass unsere Beziehung zu uns und zu unserem Gegenüber konstruktiv, erfüllt und zukunftsfähig ist. Wir solidarisieren uns mit ihm und seinen Vorhaben. Wir begleiten und unterstützen, helfen und fördern. Gelebtes Wohlwollen ist Solidarität, Verbundenheit und Treue.

C H E C K L I S T E

Die sieben Tugenden auf einen Blick

1. Demut
2. Hilfsbereitschaft
3. Höflichkeit
4. Toleranz
5. Gastfreundschaft
6. Mitgefühl
7. Wohlwollen

4

Das Leben ist entweder
ein aufregendes Abenteuer
oder gar nichts.

HELLEN KELLER

Ganz zum Schluss: Der kleine Launologen-Knigge

Vermutlich zählen auch Sie zu der großen Zahl von Menschen, die den lieben Herrn Knigge mit Messer rechts und Gabel links in Verbindung bringen. Weit gefehlt. Adolph Freiherr von Knigge, ein Zeitgenosse und Weggefährte von Goethe und Schiller in Weimar, hat sich als Lebenskunst-Philosoph den Themen »Über den Umgang mit Menschen« und »Über den Umgang mit sich selbst« gewidmet – und sich so schon im 18. Jahrhundert als Launologe »geoutet«.

Für Knigge war Selbstverantwortung und der Umgang mit Grundregeln der Psychohygiene Zuflucht und Werkzeug für eine Gesellschaft, in der sich alles aufzulösen schien. Unsere heutige Zeit ist nicht minder unruhig: Ent-Grenzung, Ent-Ritualisierung und Ent-Tabuisierung des Alltagslebens bieten dem modernen Menschen Freiheitsgrade, für die er nicht ausgebildet wurde.

Scheinbar losgelöst von allen Zwängen taumelt deshalb der (post-)moderne Mensch von einer Orientierungslosigkeit in die nächste und leidet unter der Freiheit, die er so sehnsüchtig angestrebt hat und jetzt gerne gegen vordergründig beruhigende Zwänge austauschen würde.

Über den Umgang mit sich selbst

Aus: Adolph Freiherr von Knigge,

Über den Umgang mit Menschen (1788)

1. Die Pflichten gegen uns selbst sind die wichtigsten und ersten, und also der Umgang mit unserer eigenen Person gewiß weder der unnützeste noch uninteressanteste. Es ist daher nicht zu verzeihen, wenn man sich immer unter anderen Menschen umhertreibt, über den Umgang mit Menschen seine eigene Gesellschaft vernachlässigt, gleichsam vor sich selber zu fliehen scheint, sein eigenes Ich nicht kultiviert und sich doch stets um fremde Händel bekümmert. Wer täglich herumrennt, wird fremd in seinem eigenen Hause; wer immer in Zerstreuung lebt, wird fremd in seinem eigenen Herzen, muß im Gedränge müßiger Leute seine innere Langweile zu töten trachten, büßt das Zutrauen zu sich selber ein und ist verlegen, wenn er sich einmal vis-á-vis de soi-même befindet. Wer nur solche Zirkel sucht, in welchen er geschmeichelt wird, verliert so sehr den Geschmack an der Stimme der Wahrheit, daß er diese Stimme zuletzt nicht einmal mehr aus sich selber hören mag; er rennt dann lieber, wenn das Gewissen ihm dennoch unangenehme Dinge sagt, fort, in das Getümmel hinein, wo diese wohltätige Stimme überschrien wird.

2. Hüte Dich also, Deinen treuesten Freund, Dich selber, so zu vernachlässigen, daß dieser treue Freund Dir den Rücken kehre, wenn Du seiner am nötigsten bedarfst. Ach es kommen Augenblicke, in denen Du Dich selbst nicht verlassen darfst, wenn Dich auch jedermann verläßt; Augenblicke, in welchen der Umgang mit Deinem Ich der einzig tröstliche ist – was wird aber in solchen Augenblicken aus Dir werden, wenn Du mit Deinem eigenen Herzen nicht in Frieden lebst, auch von dieser Seite aller Trost, alle Hilfe Dir versagt wird?

3. Willst Du aber im Umgang mit Dir Trost, Glück und Ruhe finden, so mußt Du ebenso vorsichtig, redlich, fein und gerecht mit Dir selber umgehen als mit anderen, also daß Du Dich weder durch Mißhandlung erbitterst und niederdrückest, noch durch Vernachlässigung zurücksetzest, noch durch Schmeichelei verderbest.

4. Sorge für die Gesundheit Deines Leibes und Deiner Seele; aber verzärtle beide nicht. Wer auf seinen Körper losstürmt, der verschwendet ein Gut, welches oft allein hinreicht, ihn über Menschen und Schicksale zu erheben und ohne welches alle Schätze der Erde eitle Bettelware sind. Wer aber jedes Lüftchen fürchtet und jede Anstrengung und Übung seiner Glieder scheut, der lebt ein ängstliches nervenloses Austerleben und versucht es vergeblich, die verrosteten Federn in Gang zu bringen, wenn er in den Fall kommt, seiner natürlichen Kräfte zu bedürfen. Wer sein Gemüt ohne Unterlaß dem Sturm der Leidenschaften preisgibt oder die Segel seines Geistes unaufhörlich spannt, der rennt auf den Strand oder muß mit abgenutztem Fahrzeug nach Hause lavieren, wenn gerade die beste Jahreszeit zu neuen Entdeckungen eintritt. Wer aber die Fakultäten seines Verstandes und Gedächtnisses immer schlummern läßt oder vor jedem kleinen Kampfe, vor jeder Art von minder angenehmer Anstrengung zurückbebt, der hat nicht nur wenig wahren Genuß, sondern ist auch ohne Rettung verloren da, wo es auf Kraft, Mut und Entschlossenheit ankommt. Hüte Dich vor eingebildeten Leiden des Leibes und der Seele. Laß Dich nicht gleich niederbeugen von jedem widrigen Vorfalle, von jeder körperlichen Unbehaglichkeit. Fasse Mut! Sei getrost! Alles in der Welt geht vorüber; alles läßt sich überwinden durch Standhaftigkeit; alles läßt sich vergessen, wenn man seine Aufmerksamkeit auf einen andern Gegenstand heftet.

5. Respektiere Dich selbst, wenn Du willst, daß andere Dich respektieren sollen. Tue nichts im Verborgenen, dessen Du Dich schämen müßtest, wenn es ein Fremder sähe. Handle weniger anderen zu gefallen, als um Deine eigene Achtung nicht zu verscherzen, gut und anständig! Selbst in Deinem Äußeren, in Deiner Kleidung sieh Dir nicht nach, wenn Du alleine bist. Geh nicht schmutzig, nicht lumpig, nicht unrechtlich, nicht krumm, noch mit groben Manieren einher, wenn Dich niemand beobachtet. Mißkenne Deinen eigenen Wert nicht! Verliere nie die Zuversicht zu Dir selber, das Bewußtsein Deiner Menschenwürde, das Gefühl, wenn nicht ebenso weise und geschickt als manche andre zu sein, doch weder an Eifer, es zu werden, noch an Redlichkeit des Herzens, irgendjemandem nachzustehn.

6. Verzweifele nicht, werde nicht mißmutig, wenn Du nicht die moralische oder intellektuelle Höhe erreichen kannst, auf welcher ein anderer steht, und sei nicht so unbillig, andre gute Seiten an Dir zu übersehn, die Du vielleicht vor jedem voraus haben magst – und wäre das auch nicht der Fall!! Müssen wir denn alle groß sein? Stimme Dich auch herab von der

Begierde zu herrschen, eine glänzende Hauptrolle zu spielen. Ach wüßtest Du, wie teuer man das oft erkaufen muß! Ich begreife es wohl, diese Sucht, ein großer Mann zu sein, ist bei dem inneren Gefühl von Kraft und wahrem Werte schwer abzulegen. Wenn man so unter mittelmäßigen Geschöpfen lebt und sieht, wie wenig diese erkennen und schätzen, was in uns ist, wie wenig man über sie vermag, wie die elendesten Pinsel, die alles im Schlaf erlangen, aus ihrer Herrlichkeit herunterblicken – Ja! Es ist wohl freilich hart! – Du versuchst es in allen Fächern; im Staate geht es nicht; Du willst in Deinem Hause groß sein, aber es fehlt Dir an Geld, an dem Beistande Deines Weibes; Deine Laune wird von häuslichen Sorgen niedergedrückt, und so geht denn alles den Werkeltagsgang; Du empfindest tief, wie so alles in Dir zugrunde geht; Du kannst Dich durchaus nicht entschließen, ein gemeiner Kerl zu werden, in dem Fuhrmannsgleise fortzuziehn – das alles fühle ich mit Dir; allein verliere doch darum nicht den Mut, den Glauben an Dich selber und an die Vorsehung! Gott bewahre Dich vor diesem vernichtenden Unglück! Es gibt eine Größe – und wer die erreichen kann, der steht hoch über allen –, diese Größe ist unabhängig von Menschen, Schicksalen und äußerer Schätzung. Sie beruht auf innerem Bewußtsein, und ihr Gefühl verstärkt sich, je weniger sie erkannt wird.

7. Sei Dir selber ein angenehmer Gesellschafter. Mache Dir keine Langeweile, das heißt sei nicht ganz müßig! Lerne Dich selbst nicht zu sehr auswendig, sondern sammle aus Büchern und Menschen neue Ideen. Man glaubt es gar nicht, welch ein eintöniges Wesen man wird, wenn man sich immer in dem Zirkel seiner eigenen Lieblingsbegriffe herumdreht,

und wie man dann alles wegwirft, was nicht unser Siegel an der Stirn trägt.

Der langweiligste Gesellschafter für sich selber ist man ohne Zweifel dann, wenn man mit seinem Herzen, mit seinem Gewissen in nachteiliger Abrechnung steht. Wer sich davon überzeugen will, der gebe Acht auf die Verschiedenheit seiner Launen! Wie verdrießlich, wie zerstreuet, wie sehr sich selbst zu Last, ist man nach einer Reihe zwecklos, vielleicht gar schädlich hingebrachter Stunden, und wie heiter, sich selbst mit seinen Gedanken unterhaltend dagegen am Abend eines nützlich verlebten Tags.

8. Es ist aber nicht genug, daß Du Dir ein lieber, angenehmer und unterhaltender Gesellschafter seiest, Du sollst Dich auch, fern von Schmeichelei, als Dein eigener treuester und aufrichtigster Freund zeigen, und wenn Du ebenso viel Gefälligkeit gegen Deine Person als gegen Fremde haben willst, so ist es auch Pflicht, ebenso strenge gegen Dich als gegen andre zu sein. Gewöhnlich erlaubt man sich alles, verzeiht sich alles und andern nichts; gibt bei eigenen Fehltritten, wenn man sich auch dafür anerkennt, dem Schicksale oder unwiderstehlichen Trieben die Schuld, ist aber weniger tolerant gegen die Verirrungen seiner Brüder – das ist nicht gut getan.

9. Miß auch nicht Dein Verdienst danach ab, daß Du sagest: »Ich bin besser als dieser und jener von gleichem Alter, Stande«, und so ferner. Sondern nach den Graden Deiner Fähigkeiten, Anlagen, Erziehung und der Gelegenheit, die Du gehabt hast, weiser und besser zu werden als viele. Halte herüber oft in einsamen Stunden Abrechnung mit Dir selber und